GESCHICHTSORT OLYMPIA

Herausgegeben von Rainer Rother

1909
GESCHICHTSORT
1936
OLYMPIAGELÄNDE
2006

jovis

Dokumentationsausstellung

Deutsches Historisches Museum Projektleitung: Ulrike Kretzschmar **Konzept, Wissenschaftliche Leitung:** Rainer Rother **Wissenschaftliche Mitarbeit/Texte:** Ursula Breymayer, Wolfgang Schäche, Bernd Ulrich, Helga Woggon **Recherche:** Susanne Loosemann, Norbert Szymanski **Wissenschaftliche Betreuung der Tafeln zum Komplex »Die Olympischen Spiele 1936«:** Stiftung Topographie des Terrors **Bildredaktion und Projektorganisation:** Elke Kupschinsky **Wissenschaftlicher Beirat:** Sabine Behrenbeck, Gerhard Hirschfeld, Gerd Krumeich, Reinhard Rürup, Wolfgang Schäche, Hans Joachim Teichler **Ausstellungsgrafik:** 4D envision design, Chris Dormer **Lektorat:** Annette Vogler **Übersetzungsredaktion:** Stephen Locke **Übersetzungen:** Ishbel Flett, Pauline Cumbers, Rachel Riddell **3-D-Computer-Rekonstruktion:** Architectura Virtualis GmbH, Kooperationspartner der Technischen Universität Darmstadt, Manfred Koob, Marc Grellert, Egon Heller **Filmstation:** Frank Wesel **Medienstation Erster Weltkrieg: Texte und Bildauswahl** (in Kooperation mit dem Militärgeschichtlichen Forschungsamt, Potsdam): Katja Protte, Gorch Pieken, Daniel Steinbach, Volker Neugebauer **Grafik, Programmierung, technische Realisierung:** Group M.E. – multimediaevents **Medienstation Olympische Spiele 1936: Texte und Bildauswahl:** Philipp Springer **Grafik, Programmierung, technische Realisierung:** Lehmann & Werder Museumsmedien **Lichtplanung:** Michael Flegel **Internetpräsentation:** IT-Abteilung, Deutsches Historisches Museum **Controlling:** Peter Gabbert **Architekt Dokumentationszentrum und Ausstellung:** gmp Architekten **Entwurf:** Volkwin Marg und Michèle Rüegg **Projektleitung:** Michèle Rüegg **Bauherr:** Senatsverwaltung für Bildung, Jugend und Sport. Senatsverwaltung für Stadtentwicklung

Gefördert durch: Den Beauftragten der Bundesregierung für Kultur und Medien

Publikation

© 2006 by jovis Verlag GmbH. Das Copyright für die Texte liegt bei den Autoren. Das Copyright für die Abbildungen liegt bei den Fotografen/Inhabern der Bildrechte. Alle Rechte vorbehalten.

Im Auftrag des Deutschen Historischen Museums **herausgegeben von** Rainer Rother

Bildredaktion: Elke Kupschinsky **Lektorat:** Annette Vogler **Titelabbildung:** Reichssportfeld, 1936, DHM/Hans Schaller **Gestaltung und Satz:** Sven Schrape **Lithografie:** LVD Gesellschaft für Datenverarbeitung mbH, Berlin **Druck und Bindung:** Offizin Andersen Nexö, Leipzig

Bibliografische Information Der Deutschen Bibliothek
Die Deutsche Bibliothek verzeichnet diese Publikation in der Deutschen Nationalbibliografie; detaillierte bibliografische Daten sind im Internet über http://dnb.ddb.de abrufbar.

jovis Verlag
Kurfürstenstr. 15/16
10785 Berlin

www.jovis.de

ISBN 3-936314-66-7

6	Grußwort des Staatsministers *Bernd Neumann*
7	Vorwort *Ulrike Kretzschmar, Rainer Rother*
10	Sport und Erinnerung Das Berliner Olympiagelände *Jürgen Tietz*
22	»Heldengedenken« Der Kampf um die Erinnerung an die Kriegstoten des Ersten Weltkrieges *Ursula Breymayer, Bernd Ulrich*
38	Olympischer Lorbeer, Prestige, Hybris Die Folgen der Olympischen Spiele 1936 für den deutschen Sport *Hans Joachim Teichler*
58	SPORT, GESELLSCHAFT UND POLITIK
68	DIE OLYMPISCHEN SPIELE 1936
88	BAUGESCHICHTE DES GELÄNDES
102	NUTZUNG DES GELÄNDES
118	GESCHICHTE EINES MYTHOS
152	DIE HEUTIGE NUTZUNG
158	Literaturhinweise
159	Autoren

Bernd Neumann
Grußwort

Eine angemessene historische Kommentierung des Berliner Olympiageländes ist in den letzten Jahren immer wieder zu Recht angemahnt worden, verstärkt seit der Verabschiedung der britischen Schutzmacht im Jahre 1994. Mit der Dokumentationsausstellung »Geschichtsort Olympiagelände: 1909 – 1936 – 2006« wird nun die notwendige Aufklärung ermöglicht. Sie bezieht alle Perioden ein, beginnend mit der 1909 eröffneten Pferderennbahn, endend mit dem Umbau des Stadions durch von Gerkan, Marg und Partner. Damit erschließt sie vor allem auch die Geschichte des für die Olympischen Spiele 1936 erbauten »Reichssportfeldes«.

Mit ihm entstand eine der ersten großen baulichen Anlagen des Nationalsozialismus. Die enorme Erweiterung gegenüber den ursprünglichen, noch aus der Weimarer Republik stammenden Planungen ging direkt auf Adolf Hitler zurück. Die gänzlich neue Konzeption des »Reichssportfeldes« offenbarte ihren politischen und ideologischen Zweck. Die für damalige Verhältnisse beispielhaften Sportstätten verbanden sich mit militärischen Elementen und einem Ort des Todeskultes – der Langemarckhalle. Es war daher nicht allein die propagandistische Nutzung der Olympischen Spiele, mit der sich der nationalsozialistische Staat der Weltöffentlichkeit präsentierte. Schon die Anlage selbst, mit dem für Masseninszenierungen bestimmten und genutzten Maifeld sowie der Langemarckhalle als erstem nationalsozialistischen Kriegerdenkmal in Berlin, diente mit ihrer Herrschaftsarchitektur der Selbstdarstellung des Regimes und seiner Ideologie.

Das Olympiagelände in Berlin ist ein besonderes Architekturdenkmal, auch und gerade wegen seiner belasteten Vergangenheit. Die dichte, moderne Medien nutzende Dokumentationsausstellung gibt nun allen Besucherinnen und Besuchern die Möglichkeit, sich erstmals umfassend über alle Aspekte seiner Geschichte zu informieren.

MdB, Staatsminister bei der Bundeskanzlerin
Der Beauftragte der Bundesregierung für Kultur und Medien

Ulrike Kretzschmar, Rainer Rother

Vorwort

Betritt man heute, vom Olympischen Platz kommend, das Olympiastadion durch den Osteingang, erfasst der Blick sogleich die spektakuläre neue Dachkonstruktion, erlebt man den immer wieder verblüffenden Effekt der sich zugleich in die Tiefe und in die Höhe erstreckenden Zuschauerränge und fixiert in der Perspektive den Glockenturm über der Westtribüne des Maifeldes. Dies vor allem zeichnete den Entwurf des Architektenbüros von Gerkan, Marg und Partner (gmp) gegenüber anderen Vorschlägen zur Erneuerung des Stadions aus: Die axiale Anlage des ehemaligen Reichssportfeldes bleibt weiterhin erfahrbar. Denn – anders als in den alternativen Entwürfen vorgesehen – das Dach, das gmp konzipierten, ist nicht geschlossen. Im Bereich des Marathontores bleibt die Perspektive über das riesige Maifeld hinweg auf die abschließenden Bauten – Zuschauertribünen und Glockenturm – ungestört erhalten.

Bis vor kurzem waren die das Ensemble im Westen begrenzenden Gebäude meist nur notdürftig renoviert. Der Glockenturm wurde als Aussichtspunkt genutzt, von dem aus sich das Gelände erschließt, die unter ihm liegende Langemarckhalle war meist unzugänglich, die Tribünen verfielen. Es ist der Initiative von Volkwin Marg, dem Architekten des erneuerten Olympiastadions, zu verdanken, dass sich dies mittlerweile gewandelt hat. Für die Idee der Erhaltung, Renovierung und vor allem auch Kommentierung aller Bestandteile des Ensembles suchte er Verbündete – und fand sie: zunächst in der Bundesregierung, dann beim Land Berlin. Das Deutsche Historische Museum erhielt sodann den Auftrag, eine Dokumentationsausstellung zu konzipieren. Im Juni 2004 legte das erste Konzept die Grundzüge der nun realisierten Dokumentationsausstellung fest. Es greift die Überlegung auf, im Bereich der Westtribüne des Maifeldes eine Dokumentationsausstellung einzurichten, in der auch die Langemarckhalle, das erste nationalsozialistische Kriegerdenkmal in Berlin, eine angemessene Kommentierung finden sollte. Mit der Ausstellungsarchitektur wurde das Büro gmp beauftragt, die Sanierung des Gebäudes an Winfried Brenne Architekten übertragen.

Es entstand eine an die Gegebenheiten des Ortes angepasste Dokumentationsausstellung. Dies gilt in doppelter Hinsicht: Einerseits handelt es sich um eine vom historischen Ort ausgehende, ihn kommentierende und damit der Öffentlichkeit erschließende Dokumentation, andererseits um eine zwar dauerhafte, aber nicht in einen Ausstellungsbau einzubringende Präsentation. Die Gegebenheiten der vorhandenen Architektur, die ursprünglich für ganz andere Zwecke gedacht war, bleiben in der Dokumentation teilweise als sichtbare Elemente erhalten. Entstanden ist nun eine Dauerausstellung, die saisonal zugänglich sein wird (vom Frühling bis zum Herbst). Ein dauerhaft stabiles Klima für eine ganzjährige Öffnung schlossen die baulichen Voraussetzungen aus.

Die verschiedenen Aspekte des »Geschichtsortes Olympiagelände« bilden die Themen der Dokumentation. Die Baugeschichte des Geländes reicht bis zum Beginn des 20. Jahrhunderts zurück und damit in eine Zeit, in der sich die moderne Vorstellung vom Sport auch in Deutschland gegenüber der traditionellen Konzeption des Turnens als populärer erwies. Diesen Aspekt, die Veränderung der Stellung des Sportes in der deutschen Gesellschaft, behandelt der erste Teil der Dokumentation. Der zweite Teil konzentriert sich auf das Ereignis, das überhaupt erst zu der Ausdehnung des Geländes zu seiner heutigen Größe und weitgehend auch zu der bis heute erhaltenen Bebauung führte: die Olympischen Spiele von 1936. Ihre massen- und medienwirksame Inszenierung durch die nationalsozialistische Propaganda steht hierbei im Zentrum der Betrachtung. Der dritte Teil führt durch die Etappen der Baugeschichte. Sein Kern ist eine eindrucksvolle Projektion einer 3D-CAD-Animation. Sie führt den Besuchern im Zeitraffer die einzelnen Etappen, in denen das Gelände erschlossen, erweitert und verändert wurde, vor Augen. Im vierten Teil der Präsentation steht die Nutzung des Geländes und seiner Bauten nach 1936 bis heute im Mittelpunkt. Der abschließende fünfte Teil schließlich kommentiert Genese und Geschichte des Langemarck-Mythos. Dieser entstand schon im Ersten Weltkrieg als Verklärung des angeblich freudigen Opfertodes jugendlicher Kriegsfreiwilliger in einer militärisch fehlgeschlagenen Offensive. Ihrem Gedenken galt seit 1936 die Langemarckhalle, die den symbolisch aufgeladenen Ort des Opferkultes innerhalb der Anlage bildet. Ein Kompilationsfilm, der im Medienraum im Erdgeschoss zu sehen ist, greift die Themen der Dokumentation auf und vertieft sie mit filmischen Mitteln.

Mit der Eröffnung der Ausstellung »Geschichtsort Olympiagelände: 1909 – 1936 – 2006« ist ein weiterer Baustein zur Erschließung dieses historischen Geländes vollendet. Zusammen mit dem »Historischen Pfad« rund um das Stadion und seiner angekündigten Erweiterung auf die übrigen Flächen bietet die Dokumentation eine angemessene Kommentierung dieses Ensembles.

Für die Realisierung der Dokumentationsausstellung sind wir vielfältigen Dank schuldig. Zunächst selbstverständlich dem Inspirator des Projektes, Prof. Volkwin Marg. Sodann der Bundesregierung, und hier insbesondere dem Beauftragten der Bundesregierung für Kultur und Medien, der das Projekt finanziert hat. Ein weiterer Dank gilt dem Senat für Bildung, Jugend und Sport, dem Senat für Stadtentwicklung sowie der Stiftung Topographie des Terrors, die die wissenschaftliche Betreuung des Themenbereiches zu den Olympischen Spielen von 1936 übernommen hat.

Die im Auftrag der Bundesregierung realisierte Dokumentationsausstellung ist nun in die Zuständigkeit des Senats von Berlin übergeben worden. Wir wünschen ihr zahlreiche interessierte Besucher.

Jürgen Tietz

Sport und Erinnerung

Das Berliner Olympiagelände

Ob Leichtathletik, Fußball oder Pop-Konzert – das Berliner Olympiastadion wird für viele Großveranstaltungen genutzt. Doch zugleich ist das zwischen 2000 und 2004 vom Hamburger Architekturbüro von Gerkan, Marg und Partner (gmp) sanierte und umgebaute Stadion, zusammen mit den umgebenden Freiflächen des ehemaligen Reichssportfeldes, ein herausragendes Geschichtszeugnis. Es gehört zu jenen Denkmalen aus der Zeit von Krieg und Diktatur, die der Münchner Kunsthistoriker Norbert Huse einmal als »unbequeme Denkmale« bezeichnet hat. Unbequem ist das Olympiastadion, weil es stets von neuem an die Epoche des Nationalsozialismus erinnert, in der es für die Olympischen Spiele 1936 entstanden ist. Mit seiner monumentalen Architektursprache und dem umfangreichen figürlichen Skulpturenprogramm verschließt es sich dem schnellen Konsum, fordert Nachfragen und Erklärungen. Bis heute ist das Olympiagelände das am vollständigsten erhaltene bauliche Zeugnis aus der Zeit des Nationalsozialismus in Deutschland. An ihm lassen sich Funktion und Gestaltung der Architektur während des »Dritten Reiches« exemplarisch ablesen. Gerade dadurch erweist sich das Berliner Olympiagelände als ein wichtiger deutscher Erinnerungsort von internationaler Bedeutung.

Annäherung
Ein Gefühl für die Abmessung des Berliner Olympiageländes zu entwickeln, ist nicht ganz einfach, so riesig ist dieses größte Flächendenkmal Berlins. Deshalb lohnt es sich, die ausgedehnte Anlage mit ihren locker gruppierten Einzelbauwerken zu Fuß zu erkunden. Dabei wird bald deutlich, wie weit der Weg ist, der vom sich trichterförmig verjüngenden Olympischen Platz aus vorbei an der Südfassade des Olympiastadions mit ihrem gleichmäßigen Pfeilerraster über das Maifeld und das Reiterstadion bis zu jenem Vorplatz führt, von dem aus sich der Weg gabelt: Auf der linken Seite liegt der Zugang zur Waldbühne, auf der rechten erhebt sich über der Langemarckhalle der 76 Meter hohe Glockenturm. Von ihm aus überblickt man das gesamte Gelände mit seinen unterschiedlichen Sportstätten.

Südfassade des Olympiastadions.
Das Foto entstand vor einem Spiel der deutschen Fußballmeisterschaft,
12. Mai 1962.
Landesarchiv Berlin, Fotosammlung/Bert Sass

In den dreißiger Jahren von dem Berliner Architekten Werner March (1894–1976) entworfen, sind Glockenturm, Maifeld, Olympiastadion und Olympischer Platz in eine monumentale Achse eingebunden. In der Mitte des Olympiastadions durchschneidet eine kleinere Querachse diese Hauptachse. Sie verknüpft es dabei mit dem nördlich angrenzenden Schwimmstadion und den Sportplätzen des Deutschen Sportforums, mit dessen Bau bereits in den zwanziger Jahren begonnen wurde. Zwar bezog March bei seiner Planung auch ältere Sportanlagen aus der Zeit vor 1933 in das Olympiagelände mit ein. Dennoch erweist sich sein Entwurf als eine typische Planung aus der Zeit des Nationalsozialismus. Zusammen mit der neuen Hochschulstadt, die unmittelbar an das Olympiaareal angrenzen sollte, gehörte es zur städtebaulichen Neuordnung Berlins unter den Nationalsozialisten. Der Zweite Weltkrieg verhinderte die Vollendung dieser maßstabsprengenden Planungen, so dass nur die wehrtechnische Fakultät ausgeführt wurde. Vom Trümmerschutt des Zweiten Weltkrieges bedeckt, erhebt sich heute über ihr der Teufelsberg. Der Entwurf der Hochschulstadt war Teil der gigantomanischen Planungen der Nationalsozialisten, Berlin in die Welthauptstadt »Germania« zu verwandeln. Ihr Herzstück sollte die Nord-Süd-Achse nach einem Entwurf

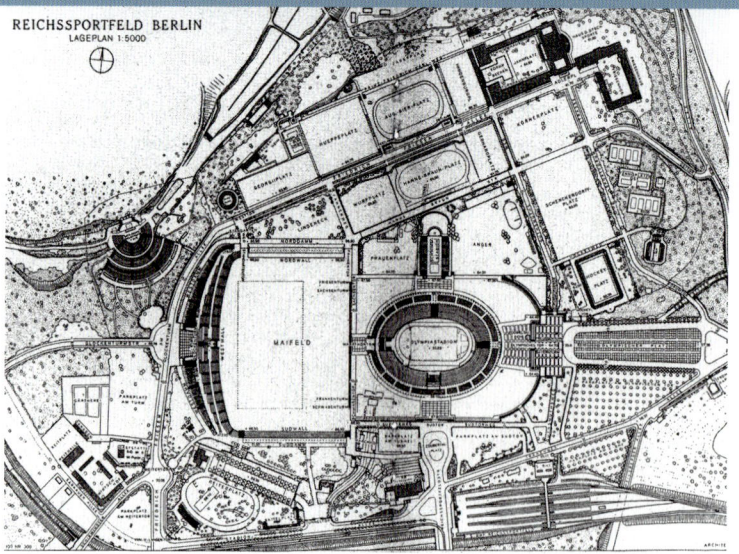

Lageplan des Reichssportfeldes, 1936.
Landesarchiv Berlin, Fotosammlung

von Adolf Hitlers Lieblingsarchitekt Albert Speer werden, für die man im Tiergarten bereits mit der Entmietung und dem flächendeckenden Abriss ganzer Stadtquartiere begonnen hatte.

Anfänge

Schon lange vor der nationalsozialistischen Machtergreifung 1933 setzte die Bautätigkeit auf dem heutigen Olympiagelände ein. Nach einem Entwurf von Otto March (1845–1913), einem vielbeschäftigten Berliner Architekten der Jahrhundertwende, entstand dort eine Pferderennbahn inmitten des Grunewaldes. Nach der Reichseinigung 1871 erlebte Berlin als deutsche Hauptstadt einen gewaltigen Wachstumsschub. Neben Mietskasernen für die Arbeiter entstanden auch neue, noblere Wohnquartiere. Sie lagen vor allem im Westen der aufblühenden Metropole, etwa in Charlottenburg. Hier befand sich auch die neue Grunewald-Rennbahn, die durch die S-Bahn verkehrsgünstig an das neue Berliner Zentrum rund um den Kurfürstendamm angebunden war.

Nur vier Jahre nach ihrer Eröffnung konnte im Innenraum der Grunewald-Rennbahn 1913 das Deutsche Stadion eingeweiht werden, zu dem die Besucher durch Tunnel gelangten. Otto March hatte die Anlage so geschickt in das tiefliegende Gelände eingefügt, dass die Pferderennbahn von den Tribünen aus weiterhin gut einsehbar blieb. Noch heute zeugt der so ge-

Das deutsche Stadion vor seiner Eröffnung am 8. Juni 1913.
Bildarchiv Preußischer Kulturbesitz, Berlin

nannte Marchhof im Süden des Olympiastadions von der zurückhaltend klassizistischen Stadionarchitektur. Weitere Überreste des großzügigen Komplexes für rund 30 000 Zuschauer traten während des Umbaus des Berliner Olympiastadions zu Tage. Ursprünglich für die Olympischen Spiele gedacht, die 1916 in Berlin stattfinden sollten, diente das Deutsche Stadion jedoch nie seinem eigentlichen Zweck, denn aufgrund des Ersten Weltkrieges wurden die Spiele 1916 abgesagt.

Deutsches Sportforum

In den zwanziger Jahren setzte sich die Bautätigkeit am Westrand Charlottenburgs fort. So entstanden mit den Landhäusern am Rupenhorn der Architektengemeinschaft Wassili und Hans Luckhardt und Alfons Anker sowie mit dem Wohnhaus von Erich Mendelsohn herausragende Bauten der Moderne in unmittelbarer Nähe zum Deutschen Stadion. Auch nördlich der Grunewald-Rennbahn wurde weiter gebaut: Als Auftakt einer Reihe unterschiedlicher Sportstätten entstand dort ab 1926 das Deutsche Sportforum nach einem Entwurf der Brüder Werner und Walter March. Die Fertigstellung der Anlage zog sich jedoch bis in die dreißiger Jahre hin. Mit den ziegelsichtigen Fassaden, die auf einem hellen Kalksteinsockel ruhen, und den flach geneigten Dächern besitzt die traditionelle Dreiflügelanlage Marchs eine moderat moderne Architektursprache. Dem steht im Inneren des 1936 fertiggestellten »Haus des Deutschen Sportes« die in Sichtbeton ausgeführte Kuppelhalle gegenüber. Ihre technisch wirkende Gestaltung befand sich ganz auf der Höhe der internationalen zeitgenössischen modernen Architekturentwicklung. Während der Olympischen Spiele 1936 fanden hier unter anderem die Fecht-Wettkämpfe statt.

Olympiastadion

Ende der zwanziger Jahre hatte es in Deutschland erneut Bestrebungen gegeben, Berlin solle sich als Austragungsort für Olympische Spiele bewerben. Mit Erfolg: 1931 bestimmte das Internationale Olympische Komitee Berlin zum Austragungsort der XI. Olympischen Spiele neuer Zeitrechnung. Doch für die Durchführung der Spiele war ein größeres Stadion notwendig. Den Auftrag für seinen Bau erhielt Werner March, der Architekt des angrenzenden Deutschen Sportforums – und Sohn des Architekten des Deutschen Stadions Otto March.

March war in seinen ersten Planungen davon ausgegangen, das Stadion seines Vaters zu erhalten. Es sollte lediglich um ein neues Schwimmstadion sowie einen zusätzlichen Innenring erweitert werden. Dazu sah er vor, die alte Radrennbahn aufzugeben, die sich um das Spielfeld legte. An ihrer Stelle wollte March das Stadion absenken, um so Raum für neue Plätze zu schaffen. Doch nach der nationalsozialistischen Machtergreifung 1933 zeigte sich schnell, dass ein solches Vorgehen mit den Repräsentationsansprüchen Hitlers nicht vereinbar war. Schließlich boten die Olympischen Spiele ein vorzügliches Schaufenster für eine weltweite Selbstdarstellung der Nationalsozialisten. Ihr hatte sich auch die Architektur des neuen Stadions zu unterwerfen, das an die Stelle der Grunewald-Rennbahn und des alten Deutschen Stadions trat.

Der Stadionneubau wurde zu einem Stück gebauter Ideologie, das sich in den Kontext der neoklassizistischen Monumentalbauten des nationalsozialistischen Regimes einfügt. Dabei sind die tatsächlichen Abmessungen des Olympiastadions bis heute von außen nur zu erahnen. Grund dafür ist, dass March seinen Stadionneubau tief in den märkischen Sand absenkte. Dennoch vermittelt das Gebäude einen monumentalen Eindruck. Dafür sorgt das gleichmäßige Raster der hohen Pfeiler aus grau-braunem Kalkstein, das die beiden äußeren Umgänge zu einer Einheit zusammenbindet. Auf den Pfeilern lastet ein schwer wirkendes Kranzgesims, das die Arena bis zu ihrem aktuellen Umbau nach oben hin abschloss.

Das Absenken des Stadions erwies sich als gelungener Kunstgriff, um die Besuchermassen zu ihren Plätzen zu lenken. Wer mit der U-Bahn zum

Stadion fuhr, der gelangte über den Olympischen Platz und das Olympische Tor in das Stadion. Alternativ gelangten die Besucher auch mit der S-Bahn in die Arena: Ihr Weg führte über den kleineren Coubertin-Platz und das Südtor. Auf dieser Seite des Stadions befand sich auch die so genannte Führerloge für Hitler.

In jedem Fall aber erreichte man das Stadion auf Höhe eines mittleren Umgangs, der die Anlage in einen Ober- und einen Unterring aufteilte. Dieser Umgang sorgte zudem dafür, dass die maximal 100 000 Besucher das Stadion nicht nur an den beiden äußeren Umgängen, sondern auch im Inneren fast vollständig umrunden konnten. Nur an einer Stelle war dieser Umgang durchbrochen: Genau gegenüber dem Hauptzugang, der sich in der Verlängerung des Olympischen Platzes befand, öffnete sich das Marathontor, das den Blick auf den Glockenturm freigab. In dieser dramatischen Inszenierung der Architektur am Olympiastadion spiegelte sich das streng hierarchische »Führerprinzip«, mit dem Deutschland während der nationalsozialistischen Diktatur gleichgeschaltet worden war.

Zusammen mit dem weiten, offenen Innenraum, der zur roten Aschenbahn und dem Rasengrün hin in sanftem Schwung abfiel, erinnerte die mit Muschelkalk verkleidete neoklassizistische Architektur bewusst an antike Stadien. Damit wurde einerseits ein Bezug zur Tradition der Olympischen Spiele im antiken Griechenland hergestellt. Andererseits fügte sich dieser Stil aber auch in die nationalsozialistische Repräsentationsarchitektur. Sie ist durch verschiedene Elemente gekennzeichnet. Dazu zählt die beabsichtigte Einschüchterung der Betrachter und Nutzer durch die gewaltige Größe der Bauten. Neben diesem architektonischen Maßstabssprung kennzeichnet eine strenge Axialität die Herrschaftsarchitektur der Nationalsozialisten. So findet das Olympiagelände im Glockenturm seinen »Point de vue«, der nicht umsonst in zeitgenössischen Quellen der dreißiger Jahre auch als »Führerturm« bezeichnet wurde.

Doch dieser spröde Klassizismus war in den dreißiger Jahren nicht nur in Deutschland ein bevorzugtes architektonisches Ausdrucksmittel. Auch bei Repräsentationsbauten in den Vereinigten Staaten oder Frankreich fand er Anwendung. Dennoch besaß der Neoklassizismus im Nationalsozialismus eine besondere Spielart und Bedeutung. Das zeigten bereits die ersten nationalsozialistischen Neubauten, die Paul Ludwig Troost (1878–1934) in München verwirklichte. Sie sind durch einen vergröberten Klassizismus mit einer vereinfachenden Formensprache gekennzeichnet. Als geradezu grobschlächtig erwiesen sich die Bauten auf dem Reichsparteitagsgelände in Nürnberg, die Albert Speer (1905–1980) entwarf: Ins Maßlose übersteigert, besitzen sie eine beängstigende Dimension. Die

Postkarte mit Ansichten des Nürnberger Reichsparteitagsgeländes, um 1935.
Deutsches Historisches Museum, Berlin

Architektur trug so dazu bei, dass der einzelne Mensch in der Masse unterging und zu einem Teil jenes von Siegfried Kracauer so treffend beschriebenen »Ornaments der Masse« wurde, das in den nationalsozialistischen Massenaufmärschen und Inszenierungen gipfelte.
Mit dem Münchner Olympiastadion von 1972, das Günther Behnisch und Frei Otto verwirklichten, entstand 36 Jahre nach den Spielen von Berlin bewusst ein architektonisches Gegenstück zu den Berliner Olympiabauten: Luftig und transparent versagte es sich jede steinerne Schwere.

Reichssportfeld

Die massive Einflussnahme Hitlers auf die Architektur des Olympiageländes schlug sich auch in der Anlage des so genannten Maifeldes nieder, das sich hinter dem Marathontor an das Olympiastadion anschließt. Von einer militärisch als »Westwall« verbrämten Tribüne für rund 60 000 Besucher eingefasst, bot es bei Massenaufmärschen zusätzlich Platz für rund 180 000 Menschen. Hier befindet sich auch die so genannte Langemarckhalle. Als Teil des nationalsozialistischen Gefallenenkultus für die Toten des Ersten Weltkrieges unterstellte sie eine enge Verknüpfung von Sport und dem vermeintlich ehrenvollen »Opfertod für das Vaterland«.
Zusammen mit den Sport- und Trainingsplätzen des Deutschen Sportforums umfasste das Reichssportfeld alle für die Olympischen Wettkämpfe notwendigen Einrichtungen. Dazu zählten das Hockeystadion neben

Das Olympiagelände in München, 1972.
ullstein bild, Berlin / Robert Hetz

dem Olympischen Platz sowie der Reiterplatz neben dem Maifeld. Die nach dem antisemitischen Publizisten Dietrich Eckart (1868–1923) benannte Freilichtbühne ist heute als »Waldbühne« in den Sommermonaten ein beliebter Veranstaltungsort für Open-Air-Konzerte.

Skulpturenprogramm

Hohe Natursteinpfeiler – so genannte Pylone – mit weitgehend glatter Oberfläche, aus der einzelne bossierte Steine herausragen, gliedern als Ländertürme an mehreren Stellen das Olympiagelände und tragen zu seiner Monumentalisierung bei. So bilden Bayern- und Preußenturm am Ende des Olympischen Platzes als Olympisches Tor den Eingang des Stadions; zwischen ihnen wurden die Olympischen Ringe gespannt. Auf der Rückseite des Stadions wird das Turmmotiv erneut aufgenommen: Jeweils als Doppeltürme ausgeführt, markieren dort Schwaben- und Franken- sowie Sachsen- und Friesenturm die Eckpunkte des Maifeldes.
Nicht minder monumental ist die Steinskulptur des Reichssportfeldes ausgeführt. In heroisierender Nacktheit, muskelbepackt und im übersteigerten Maßstab sind die »Rosseführer« von Josef Wackerle (1880–1959) oder die »Diskuswerfer« von Karl Albiker (1878–1961) in ihrer reduzierten – tektonischen – Gestaltung an hervorgehobenen Positionen des Reichssportfeldes aufgestellt worden und fügen sich so in die Gesamtinszenierung des Areals ein. In ihrer Gestalt spiegelten sich die rassischen und ideolo-

Luftaufnahme des Reichssportfeldes, 1936.
Das Foto entstand während der Bauarbeiten. Im Vordergrund die Dietrich-Eckhart-Freilichtbühne (heute: Waldbühne), rechts der halb fertiggestellte Glockenturm.
Deutsches Historisches Museum, Berlin/Hans Schaller

gischen Vorstellungen der nationalsozialistischen Machthaber wider, galt doch der Sport »als Grundschule für die Wehrmacht«.

Zwischen Kontinuität und Vergessen

Nach dem Zweiten Weltkrieg hatte das Olympiagelände lange Zeit eine seltsame Zwitterrolle inne. Das Deutsche Sportforum diente bis 1994 als Berliner Hauptquartier für die britische Schutzmacht. Für die Öffentlichkeit unzugänglich, stellte es daher eine Terra incognita dar. Erst nach und nach änderte sich der Umgang mit dem Sportforum.

Das Olympiastadion wurde dagegen vergleichsweise schnell wieder in den Alltag integriert. Eine tiefergehende Reflektion über seine Funktion im »Dritten Reich« fand jedoch zunächst nicht statt. In diese Strategie der Verdrängung fügt sich auch der Umgang mit dem Glockenturm, der im Zweiten Weltkrieg schwer beschädigt worden war. Aufgrund der Einsturzgefahr sprengten britische Pioniere den Turm 1947. Doch 1960 bis 1962 rekonstruierte Werner March das Gebäude – einschließlich der Langemarckhalle. Ganz ohne öffentlichen Einspruch gegen die Wiederherstellung dieses Opfertod und Krieg verherrlichenden Gefallenendenkmals aus der Zeit des Nationalsozialismus kehrten auch die Schilder aus Stahl

18 Jürgen Tietz

Das vollbesetzte Olympiastadion vor dem Fußballspiel der 1. Bundesliga zwischen Hertha BSC Berlin und Borussia Dortmund, 20. Mai 2000.
Hertha-Fans halten weiße und blaue Papiere hoch.
ullstein – contrast/Pollack, Berlin

mit den Namen der beteiligten Divisionen der Langemarck-Schlacht an die Wände der Gedenkhalle zurück.
Auch am Stadion selbst wurden die Kriegsschäden behoben, so dass es zügig wieder für Veranstaltungen zur Verfügung stand. Erhebliche Veränderungen am Stadion forderte die Fußballweltmeisterschaft 1974 in Deutschland, in deren Rahmen auch Vorrundenspiele im damaligen West-Berlin ausgetragen wurden. Neben den großen Flutlichtmasten, die neben dem Stadion aufgestellt wurden, erhielten die Stadionränge im Süden und Norden eine Teilüberdachung (Entwurf Wilhelm Krahe). Durch die filigrane Konstruktion veränderte sich der Eindruck des Innenraumes. Doch da sich die Überdachung auf vergleichsweise kleine Bereiche beschränkte, gelang es trotz dieses Eingriffes, den Grundcharakter einer zum Himmel geöffneten antikischen Arena zu bewahren.
Ungeachtet ihrer Entstehung unter dem nationalsozialistischen Regime war auch die Waldbühne ein beliebter Kino- und Konzertort – bis zu jenem legendären Konzert der Rolling Stones, bei dem die Anlage 1965 stark beschädigt wurde. Nach längerer Nutzungsunterbrechung finden in der Waldbühne heute wieder zahlreiche Veranstaltungen statt. Sie ist ein Berliner Alltagsort, an dem wohl kaum einer der Besucher an einem

Berliner Olympiastadion.
Abbruch des Unterringes im Bereich des Marathontores, 14. September 2000.
Landesarchiv Berlin, Fotosammlung/Edmund Kasperski

lauen Sommerabend einen Blick auf die Hochreliefs von Adolf Wamper verschwendet, die den Eingang zur Waldbühne seit bald siebzig Jahren flankieren.

Sanierung und Umbau

Obwohl das Olympiastadion bereits 1966 als eines der ersten Gebäude aus der Zeit des Nationalsozialismus in die Liste der Baudenkmale in West-Berlin eingetragen wurde, setzte erst Ende der achtziger Jahre ein veränderter Umgang mit dem Olympiagelände ein. Stand bis dahin die Nutzungskontinuität im Vordergrund, so befassten sich nun erste wissenschaftliche Arbeiten mit der Bedeutung des Stadions, seiner Architektur und seinem Skulpturenprogramm im Kontext der nationalsozialistischen Herrschaft. Intensiviert wurde diese Diskussion im Vorfeld der fehlgeschlagenen Berliner Bewerbung für die Olympischen Spiele 2000. Damals wurde sogar eine Verkleidung der Skulpturen aus der Zeit des Nationalsozialismus vorgeschlagen.

Zeitgleich wurde deutlich, dass die Bausubstanz des Stadions dringend reparaturbedürftig war. Die kontrovers geführte Diskussion über die Zukunft des Olympiastadions und den angemessenen Umgang mit dem Baudenkmal mündete in die aufwendige Sanierung durch das Architekturbüro gmp. Sie wurde zwischen 2000 und 2004 bei laufendem Stadionbetrieb durchgeführt. In ihrem Rahmen erhielt der Komplex eine neue Überdachung. Lediglich am Marathontor blieb eine schmale Öffnung erhalten, so dass die historische Sichtachse vom Olympischen Platz zum Glockenturm weiterhin erfahrbar ist.

Auch nach dem Stadionumbau stellt das Olympiagelände ein dichtes Gewebe aus Architektur, Landschaftsgestaltung und Skulpturenprogramm dar. Selbst wenn man nicht so weit gehen will, das Areal als »erstes ›Gesamtkunstwerk‹ der Nationalsozialisten« zu bezeichnen, so ist es dennoch ein bedeutender Erinnerungsort, der heute vielleicht mehr denn je einer kritischen Lektüre und Interpretation bedarf, um in seiner Entstehungsgeschichte und Funktion verstanden zu werden. Hier geben dem Besucher die Informationssäule auf dem Olympischen Platz und die auf dem Gelände aufgestellten Stelen ebenso Hilfe wie die Dauerausstellung an der Langemarckhalle.

Ursula Breymayer, Bernd Ulrich

»Heldengedenken«

Der Kampf um die Erinnerung an die Kriegstoten des Ersten Weltkrieges

Ohne die Mythen und Legenden des Ersten Weltkrieges wäre der Nationalsozialismus undenkbar gewesen. Als »einfacher Gefreiter des Weltkrieges« betrieb Adolf Hitler seinen politischen Aufstieg, als »erster Soldat der Nation« führte er Deutschland und die Welt in die Katastrophe. Welche Bedeutung die Kriegserinnerung und ihre propagandistische Instrumentalisierung im »Dritten Reich« einnahmen, wird auch an einem Bauwerk auf dem ehemaligen Reichssportfeld anschaulich: der Langemarckhalle. Sie legt bis heute Zeugnis ab von einer intensiven, bis 1933 umstrittenen, danach »gleichgeschalteten« Legendenbildung um die Gefallenen des Ersten Weltkrieges.

Kriegsende

Das Ende des Ersten Weltkrieges war mehr als ein epochales politisches oder militärisches Ereignis. Der Krieg hatte ungeheure Machtverschiebungen bewirkt, Regierungsformen und ganze Reiche zerschlagen, aber eben auch alltägliche Umgangsformen sowie Denk- und Glaubensgewohnheiten massiv verändert. Tiefe Eingriffe in die Biographien der Überlebenden waren ebenso offensichtlich wie langanhaltende psychisch-mentale Folgen. Der Krieg, so hieß es in einer frühen Schrift, die sich mit diesen Auswirkungen der Katastrophe beschäftigte, der Krieg »pochte immer wieder an die Seele«.[1]

Vor allem aber herrschte nach dem Weltkrieg eine große Uneinigkeit über seine Bewertung und Darstellung. Sieger und Besiegte nahmen den Verlauf und das Ergebnis des Krieges natürlich völlig unterschiedlich wahr. Dies galt auch für die mentalen Kriegsfolgen, die nicht allein die Erinnerung an die Jahre 1914 bis 1918 prägten, sondern auch den Kult um die gefallenen Soldaten.

Die Arbeit an der Kriegserinnerung – um Tod und Verwundung naher Angehöriger zu verarbeiten oder in der propagandistischen Absicht, die notwendige Bereitschaft für die Fortführung des Kampfes zu mobilisieren – begann bereits während des Weltkrieges. Zahlreiche Menschen führten zwischen 1914 und 1918 ein Tagebuch oder verfassten ihre eigenen Erinnerungen. Privatleute und offizielle Stellen horteten Zeugnisse und Relikte des Krieges, die später ihren Weg in Ausstellungen und Sammlungen fanden. Nach dem Krieg schien die Erinnerungsarbeit nahtlos an diese Praktiken anzuschließen.

Doch die beispiellosen Verluste verlangten offensichtlich besondere Formen der Erinnerung und der sie begleitenden Rituale. Die kriegsbeteiligten Nationen hatten ihre Bevölkerung in bis dahin ungekanntem Maße in Dienst genommen, so dass nahezu jedermann in der einen oder anderen Weise von den Auswirkungen des über vierjährigen Kampfes unmittelbar betroffen war. Eine Antwort darauf war der gleichfalls politisch umkämpfte Totenkult in Form von Kriegerdenkmälern und Soldatenfriedhöfen. Diese stellten als Orte der Erinnerung immer auch eine politische Sinnstiftung dar, die sich gleichermaßen auf die kriegerische Vergangenheit wie auf die Zukunft der jeweiligen Nation beziehen konnte. Die Bereitschaft zum Sterben sollte auch den Überlebenden zur andauernden Verpflichtung werden. An einer solchen, jeweils national schattierten, aber immer auf dem Massensterben im Weltkrieg gründenden Verpflichtung entzündete sich der Streit zwischen den politischen Parteien. Dies galt in besonderer Weise für die Weimarer Republik, in der die Auseinandersetzungen um das öffentliche Gedenken eine zentrale Rolle spielten und den gesellschaftspolitischen Alltag mitbestimmten.

Erinnerung

Die »Erinnerung an den Krieg«, so hat es der Historiker Reinhart Koselleck mit Bezug auf den Ersten Weltkrieg formuliert, bildet »keine stabile Größe, die unverändert weiterwirkt. Sie unterliegt vielmehr den Kriegsfolgen, die die Erinnerung an den Krieg überformen, verdrängen, kanalisieren, kurzum verändern können. Vieles wird vergessen, anderes bleibt hartnäckig wie ein Stachel im Bewusstsein stecken. Vieles wird verdrängt, anderes glorifiziert.«[2]

Tatsächlich war die Erinnerung an den Krieg kaum fest umrissen und in ihrem Gehalt weder für alle Teilnehmer an den Fronten noch für jene in Etappe und Heimat verbindlich. Die Erinnerung eines Soldaten blieb abhängig von seiner Generation, seinem Rang, seinem Einsatzort, seiner religiösen und politischen Überzeugung, seinem Zivilberuf oder auch von der zumindest im Ersten Weltkrieg noch so wichtigen landsmannschaftlichen und ethnischen Zugehörigkeit: Ob beispielsweise ein Soldat der deutschen Armee aus Preußen oder Bayern kam, ob er einer Minderheit zugerechnet wurde, mithin Pole, Elsässer oder Däne war, ob es ihn auf Seiten der Alliierten aus Portugal oder Indien an die Westfront, aus Sibirien an die Ostfront verschlagen hatte – all dies spielte naturgemäß eine

Zwei Fotos vom Schlachtfeld bei Verdun (Fort Douaumont vor und nach dem deutschen Angriff), Luftbildaufnahmen 1916.
Deutsches Historisches Museum, Berlin

Rolle für die Wahrnehmung und Verarbeitung des Erlebten. Gerade weil die Erinnerung eine wandelbare Größe war (und ist), konnte in den Jahren zwischen 1918 und 1933 die jüngere, kriegerische Vergangenheit und ihre immer auf Erinnerungen beruhende Verankerung im kollektiven Gedächtnis zu einem andauernden Streitfall werden.

Dieser Kampf um die Erinnerung war eine Art Fortsetzung des Krieges mit anderen Mitteln. Denn in gewisser Weise setzte sich in diesem »Krieg« fort, was auch schon den »richtigen« Krieg geprägt hatte: Den Mittelmächten und namentlich Deutschland war es in der propagandistischen Auseinandersetzung um das vermeintliche ideelle Ziel des Krieges nicht gelungen, überzeugend zu erklären, wofür eigentlich gekämpft, gelitten und gestorben wurde.

Einzig zu Beginn des Krieges vermochte die Verpflichtung auf das »Vaterland« und dessen vermeintliche Bedrohung durch äußere Feinde so etwas wie patriotische Begeisterung hervorzurufen. Allerdings wissen wir mittlerweile, dass die Begeisterung nur von kurzer Dauer und insgesamt nicht so intensiv und verbreitet war, wie die zeitgenössische Propaganda und zählebige Mythen wie etwa der von Langemarck glauben machen wollten.[3]

Die maßlosen ökonomischen Kriegsziele hingegen, die 1914 im berühmt-berüchtigten »Septemberprogramm« der deutschen Reichsleitung erhoben und im Verlaufe des Krieges noch erweitert worden waren, mochten für die Masse der Soldaten, sofern sie davon überhaupt in Umrissen Kenntnis hatten, kaum als Motivation ausreichen. Die Herrschaft über Belgien und die Kanalküste, die dauerhafte Unterwerfung Frankreichs und des Baltikums, kurz, der völlige Umsturz der europäischen Ordnung und ihre Neuerrichtung unter deutscher Vorherrschaft – das waren eher kampfmotivierende Elemente für die alliierte Gegenseite, die um ihr zu-

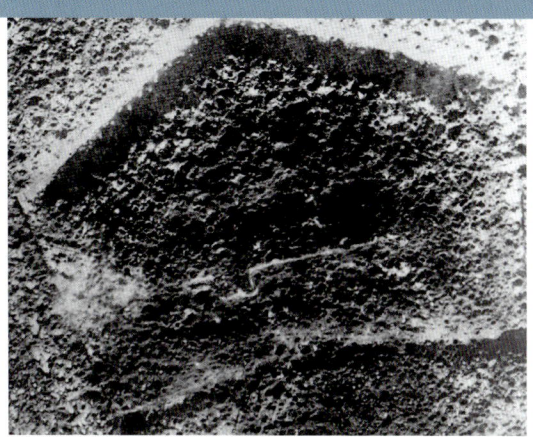

meist demokratisches Wertesystem und ihr jeweiliges nationales Überleben kämpfte.

Diese, hier in ihrer Entwicklung bloß skizzierte Unklarheit über den Sinn des Leidens, des Kriegstodes und des Tötens setzte sich über 1918 hinaus fort. Vor allem in Deutschland als dem Land der als zutiefst demütigend empfundenen Niederlage verschärfte sich diese Entwicklung noch. Aber das änderte nichts daran, dass die »Verlierer« mehr als die »Sieger« darauf angewiesen waren, der Katastrophe und der Erinnerung an sie einen Sinn zu verleihen. Alle Formen des Gedenkens in der Publizistik, der Literatur, in der Kunst und nicht zuletzt im denkmalgestützten Kult um die Gefallenen sollten davon beeinflusst werden. Vom Krieg als dem »durchdringende(n) Volkserlebnis, allen gemeinsam, allen zugänglich, allen aufgegeben«, sowie generell von einer grundsätzlichen »Einheitlichkeit der Haltung« gegenüber dem Weltkrieg, wie sie etwa der nationalsozialistische Germanist Hermann Pongs nach 1933 pathetisch forderte, konnte in den Jahren der Republik jedenfalls keine Rede sein.[4]

Besonders gravierend zeigte sich diese Entwicklung in der »Wiederkehr des Weltkrieges in der Literatur«.[5] Die literarische Verarbeitung setzte zwar bereits während des Krieges und in den ersten Jahren der Republik ein. Ihren kulturpolitischen Höhepunkt erreichte sie indes erst 1928/29 mit der Veröffentlichung von Erich Maria Remarques Roman »Im Westen nichts Neues« und den um ihn entbrennenden Diskussionen. Allenthalben machten sich polemische Gegenüberstellungen breit, in denen sich die Angriffe auf Remarque zur trüben Bilanz einer Verdrängung summierten. Im Krieg einen »unerhörten Eingriff« ins »Privatleben« zu sehen, eine »sinnlose Anhäufung von Grauen, Elend und Tod« – so eine der kritischen Äußerungen –, das wurde Ende der zwanziger Jahre nur mehr als die Verleugnung eines »ungeheuren Daseinskampfes« bewertet, der

Programm zu dem Film IM WESTEN NICHTS NEUES nach dem gleichnamigen Roman von Erich Maria Remarque, 1930.
Deutsches Historisches Museum, Berlin

es zur Pflicht mache, »den inneren Schweinehund, der jeden Menschen bedroht, zu überwinden«. Der Krieg müsse, wenngleich nicht verherrlicht, so doch als Schicksal hingenommen werden, an dem »der einzelne nicht zerbricht, sondern wächst und reift«.[6]
Eine wichtige Konsequenz dieser Haltung bestand darin, die Überlebenden auf die Notwendigkeit eines künftigen Opfers zu verpflichten. Den »inneren Schweinehund« überwinden, das hieß aber auch, die Erinnerung an die verschiedenen Arten des Kriegstodes zu verdrängen – das jämmerliche Krepieren im Stacheldrahtverhau ebenso wie den Tod an Auszehrung und Hunger in der Heimat. Hier begann schon Gestalt anzunehmen, was dann im Nationalsozialismus vollends Wirklichkeit wurde: die »erstaunlich erfolgreiche Paralyse der öffentlichen Regungen des Leids (...): Weinen war unvölkisch; Trauern unheroisch«.[7]
Doch es bleibt die Frage, welche Erinnerung oder, der Plural ist hier angebrachter, welche Erinnerungen es waren, um die – auch ganz wörtlich verstanden – »gekämpft« wurde und wer die Kontrahenten in dieser Auseinandersetzung waren. Der Kampf um die Erinnerungen betraf natürlich zum einen die Beteiligten selbst, die als Überlebende der Fron-

ten mit ihren jeweils persönlichen Wahrnehmungen des Krieges zu ringen hatten. Zum anderen waren staatliche oder halbstaatliche Organisationen, Parteien und politische Gruppierungen betroffen, in deren geschichtspolitischem Interesse es liegen mochte, wie und an was erinnert wurde, oder die doch immerhin versuchten, die Art und Weise der Erinnerungen zu bestimmen.

Die Erinnerung der Augenzeugen, die in allen kriegsbeteiligten Ländern für die »leibliche Tiefe der Geschichte bürgte«[8], und die geschichtspolitisch motivierte Aufbereitung der Erinnerungen standen indessen in einem spannungsreichen Verhältnis zueinander. Es war kaum zu übersehen, wie der französische Philosoph und Kriegsteilnehmer Émile-Auguste Chartier schon früh in seiner »Psychologie des Krieges« (1921) ausführte, »dass jeder sich lieber jener Stunden erinnert, da er so erfinderisch, geduldig, kühn wie es (vorgeblich) sein Vorgesetzter war und sogar noch mehr.«[9] Die Bereitschaft, Unerwünschtes und Unübersichtliches aus der Kriegserinnerung auszusondern, führte bei manchen Betroffenen zu einer nachträglichen Verfälschung, zu einem den aktuellen Erfordernissen geschuldeten Zurechtstutzen ihrer Erfahrungen. Ein Problem, dessen sich im Kontext zeitgenössischer Versuche aus den frühen zwanziger Jahren in Deutschland vor allem der aus der christlichen Studentenbewegung stammende Siegfried Wegeleben annahm.

Wegeleben befasste sich mit der Überlieferung des Erlebnisses in der Erinnerung. Wegfallen würden alle »Unlustempfindungen, also etwa die Gedanken an ethisches oder religiöses Versagen im Felde, an das Lähmende der Strapazen und körperlichen Anstrengungen«, aber auch die »Unterordnung unter die Vorgesetzten; Wetter, Krankheit, Kameraden usw.«. Überdies würden die mit Unlustgefühlen verbundenen Erinnerungen allmählich »vergoldet«. Dies sei eine Entwicklung, die endlich durch jene Ereignisse noch verstärkt werde, die nach dem Krieg das Kriegserlebnis zu überdecken und überformen beginnen würden – von der Revolution bis zu den Freikorpskämpfen.[10] Wegelebens erstaunliche Reflexionen waren wiederum selbst von der Absicht bestimmt, den vermuteten »unübertragbaren, jeder Kultivierung« sich verweigernden Charakter des Kriegserlebnisses gleichsam unbefleckt zu erhalten.[11]

Noch war allerdings nicht absehbar, dass eben diese beschworene Einzigartigkeit des erinnerten Erlebnisses bald darauf zum eigentlichen, nicht mehr hinterfragbaren Kern aller Kriegserinnerung in Deutschland werden sollte. Nach 1933, so formulierte es der Militärpädagoge Erich Weniger präzise, war »die Zeit der willkürlichen Erinnerungen vorbei«. Er bezog sich dabei nicht allein auf die »Machtergreifung« der Nationalsozialis-

Käthe Kollwitz, Pietà (Mutter mit gefallenem Sohn), 1937/38.
Deutsches Historisches Museum, Berlin

ten, sondern auch auf die Wiedereinführung der Wehrpflicht. Diese war nach dem Ersten Weltkrieg durch eine Bestimmung im Versailler Vertrag verboten und am 16. März 1935 unter Missachtung dieser Bestimmung wieder eingeführt worden. Die »Wiedergewinnung der Wehrhoheit«, so Weniger, ermögliche es, »wieder Ordnung in das Chaos der Erinnerungen zu bringen, aus ihnen die echten Erfahrungen zu gewinnen und in die Überlieferung der Heeres- und Volkserziehung einzuschmelzen«. In der Republik hingegen – in der »Systemzeit« – habe dieser »ordnende Bezug der Erinnerungen auf ein fragloses Ziel« gefehlt, ebenso wie »die strenge Bindung an Aufgaben, die uns zwingt, der Erinnerung Erfahrung abzugewinnen«. Ein Manko, das die »hoffnungslose Gegensätzlichkeit in der Deutung des Krieges« entscheidend mitverursacht habe.[12]

Die Kriegstoten

Die von Weniger konstatierte »Gegensätzlichkeit« trat nicht allein innerhalb der Kriegserinnerungen, sondern insbesondere auch im symbolisch hoch aufgeladenen und deshalb umso stärker umstrittenen Kult um die gefallenen Soldaten hervor. Sie hatten ihren Einsatz – ob freiwillig oder nicht – mit dem Tod besiegelt. Das Wofür dieses Todes war zwar nicht frei verhandelbar – denn schließlich waren die Toten einst als Lebende unter offiziell verkündeten Begründungen in den Krieg eingetreten –, aber offen für Deutungen und Zuschreibungen. Sie sollten dem Kriegstod einen Sinn verleihen und bezogen ihre Attraktivität unter den Überlebenden nicht zuletzt aus der kaum mehr »überbietbaren Letztinstanz des Todes«, die den kriegstoten »Helden« umgab.[13] Jede politisch motivierte Vereinnahmung der Toten profitierte von dieser Aura des Todes.

In einem ganz allgemeinen Sinne betrifft der Tod naturgemäß jeden (und jede). Damit sind hier nicht die Auswirkungen des Todes als biologisches Phänomen gemeint. Zu bedenken ist vielmehr der kulturell unterschiedliche Erwartungshorizont, den der unweigerlich nahende Tod bei jedem Menschen hervorruft. Dies gilt ebenso für die Strategien des Umgangs mit dem Sterben und dem Tod. Strategien, die es den Über- oder Weiterlebenden ermöglichen, die Gegenwärtigkeit des eigenen Todes sowie den Verlust von Angehörigen zu ertragen. Dazu gehören zentral die religiös inspirierten Jenseitshoffnungen, oder allgemeiner: die Relativierung und Bewertung des zeitlich endlichen Lebens mit Blick auf eine postulierte Ewigkeit. Die unterschiedlichen Strategien prägten schließlich auch die Gestaltung und Signatur von Kriegerdenkmälern. Deren Funktion aber hatte seit der Französischen Revolution und über den gesamten Zeitraum des 19. und frühen 20. Jahrhunderts hinweg zwei entscheidende, im Kern demokratische Veränderungen erfahren.

An die während der Revolution und der folgenden Revolutionskriege gefallenen Soldaten und Offiziere sollte unterschiedslos und in ihrer Gesamtheit erinnert werden. Nicht mehr nur Feldherren oder Fürsten waren von nun an denkmalwürdig, sondern auch der einfache, kriegsfreiwillige und/oder durch die Wehrpflicht gebundene Soldat, der damit aus der anonymen Masse der Kämpfenden herausgehoben wurde. Dies geschah etwa nach den Befreiungskriegen in Preußen, wobei auf den Gedenktafeln noch eine Abstufung der getöteten Soldaten nach militärischem Verdienst vorgenommen wurde: nach gefallenen »Helden« und nach gemeinen Kriegstoten.

Der Soldat war überdies auch nicht mehr für eine Dynastie oder einen Fürsten gestorben, sondern für die Durchsetzung einer politischen Idee, für den Sieg einer politischen »Handlungsgemeinschaft«, sei es das Reich, das Volk, die Republik oder die Nation. Der Kult um die hierfür im Kriege Gefallenen nahm nun immer mehr Formen an, deren »Zweck es war, die Vergangenheit des Sterbens mit der Zukunft der Überlebenden in einen übergreifenden Sinnzusammenhang zu rücken. An die Stelle des christlichen Jenseits

Das Grab des Unbekannten Soldaten.
Die Fotografie zeigt seine letzte Ruhestätte in der Westminster Abbey,
in der er am 11. November 1920 beigesetzt wurde.
Privatbesitz

als Ort der Toten trat die politische Zukunft«.[14] Diese Zuschreibungen prägten in grundsätzlicher Weise – natürlich in je nationalen und politischen Brechungen – die Kriegerdenkmäler bis zum Zweiten Weltkrieg.
Es bleibt vor diesem Hintergrund überraschend, wie schnell und problemlos in Großbritannien und Frankreich – anders als in Deutschland – nach 1918 eine offizielle Übereinkunft darüber erzielt werden konnte, wie die Nation sich kollektiv an den Weltkrieg erinnert und insbesondere ihrer Toten gedenkt. Ihren stärksten Ausdruck fand diese Gemeinsamkeit im Grabmal des Unbekannten Soldaten, in dessen ritueller Ehrung gleichsam die nationale und die persönliche Erinnerung zusammengeführt werden sollte.
Die Diskussionen über die Errichtung solcher Grabmäler hatten sich vor allem in Großbritannien und Frankreich bereits während des Krieges intensiviert. Die Grundidee ging auf eine in der Antike von den Athenern entwickelte Zeremonie zurück, nach der die im Kampf mit den Spartanern getöteten, aber nicht mehr auffindbaren Krieger durch einen leeren Sarg bei den Bestattungsfeiern symbolisiert wurden. Vor diesem Hintergrund gewann schon in der zweiten Hälfte des 19. Jahrhunderts der Plan, auch die vermissten und oftmals auch unbekannten Soldaten zu ehren, an Attraktivität.
Aus der Aufstellung so genannter Volksheere und deren massenhaftem Einsatz im Verlaufe des 19. Jahrhunderts resultierte eine zunehmende

Zahl verschollener und vermisster Soldaten, was nicht zuletzt auch auf den »Fortschritt« in der Waffentechnik zurückzuführen war. Der immer ausgefeiltere Einsatz der Artillerie nahm zu, Soldaten wurden durch Volltreffer regelrecht atomisiert und waren nicht mehr auffindbar in der »Mondlandschaft«, die durch die Geschütze aller Kaliber produziert wurde. Diese Kriegswirklichkeit der Massenvernichtung nahm in den Materialschlachten des Ersten Weltkrieges ihre schrecklichste, bis dahin unbekannte Gestalt an.

Zum zweiten Jahrestag des Waffenstillstandes, am 11. November 1920, wurden in Paris und London jeweils die sterblichen Überreste eines nicht mehr identifizierbaren Soldaten von den Schlachtfeldern in Frankreich exhumiert und unter dem Arc de Triomphe sowie in der Westminster Abbey bestattet. Schon das komplizierte Auswahlverfahren, mit dem der Unbekannte Soldat bestimmt wurde, zu schweigen von den Zeremonien der eigentlichen Bestattung, lösten so zustimmende wie emotionale Reaktionen aus, stießen aber auch auf heftige politische Proteste.[15] Dennoch war der Erfolg dieser Gedenkform, in der repräsentativ ein unbekannter Toter für alle Gefallenen der Nation steht, kaum zu überbieten. In den folgenden Jahren wurden solche Zentralstätten des Totenkultes nahezu in allen kriegsbeteiligten Ländern errichtet – egal, ob sie zu den Verlierern oder Siegern zählten.[16]

Deutschland fehlte in dieser Reihe. Zwar wurden innerhalb des 1927 eingeweihten Tannenberg-Denkmals 20 unbekannte Soldaten von der Ostfront bestattet, doch sie dienten eher dem Ruhm des Generalfeldmarschalls und dessen Sieg im Osten zu Beginn des Weltkrieges. Bereits zuvor hatten im Zusammenhang mit der Zehnjahresfeier des Kriegsausbruchs am 2. August 1924 Reichspräsident Friedrich Ebert (SPD) und Reichskanzler Wilhelm Marx (Zentrum) dazu aufgerufen, für ein nationales »Ehrenmal« zu spenden, »welches das ganze deutsche Volk gemeinsam allen Gebliebenen schuldet«.[17] Aber der Plan ließ sich ebenso wenig verwirklichen wie ein »deutsche(s) Denkmal des unbekannten Soldaten«, wie der Architekt Bruno Taut in einem Gutachten dazu ausführte. Denn »da der Gedanke anderswo« – nämlich in den Siegernationen – »geboren ist und damit als etwas Fremdes und nicht selbst Erzeugtes übernommen werden würde, so bleibt es fraglich, ob er bei uns zu wirklichem Leben kommt«.[18]

Im preußischen Berlin wurde die einst von Karl Friedrich Schinkel entworfene Schlosswache 1931 durch den Architekten Heinrich Tessenow umgebaut. Sie sollte im republikanischen Staat die Erinnerung an die deutschen Kriegstoten repräsentieren. Aber nicht zuletzt die Konkurrenz der einzelnen Länder in der föderal verfassten Weimarer Republik verhin-

Das Tannenberg-Nationaldenkmal,
Postkarte, vor 1934.
Deutsches Historisches Museum, Berlin

derte eine Einigung über eine national gültige Gedenkstätte. Erst 1934 erklärte Adolf Hitler die Anlage im Zentrum Berlins, wie auch schon die Tannenberg-Gedenkstätte, zum »Reichsehrenmal«.
In der Weimarer Republik standen einem solchen Denkmal oder auch nur einer nationalen Gedenkfeier vor allem die völlig konträren Vorstellungen über deren Sinn entgegen. Das SPD-Parteiorgan »Vorwärts« brachte es auf den Punkt, als in einem Artikel vom 4. August 1924 über den Ablauf der parteiübergreifenden Gedenkfeier zum 2. August 1924 berichtet wurde: »Die einen ziehen aus dem Massentod der Opfer die Lehre, dass es Aufgabe der Lebenden sei, durch ihr Wirken in der Gemeinschaft und im Staatenleben neue Ausbrüche des Männermordens zu verhindern. Die anderen rühmen sich, dass sie neue Kriege und neue Schlachten erstreben, um ihren vermeintlichen Idealen näher zu kommen.«[19]
Jenseits dieses umstrittenen nationalen Gedenkens begann teils schon während des Krieges in Deutschland wie in allen kriegsbeteiligten Staaten der Bau von Kriegsdenkmälern auf der Ebene der Gemeinden, der militärischen Truppenteile und der Institutionen wie Kriegervereinen, Schulen, Universitäten oder Studentenverbindungen. In ihrer Gestaltung und Aussage sind sie durchaus vergleichbar, sei es hinsichtlich ihrer symbolischen Sprache oder in Bezug auf die mit eingeschlossenen Feindbilder und ihre innenpolitische Bedeutung. In Deutschland etwa finden sich, wenig überraschend, vermehrt Inschriften, in denen die Niederlage nicht anerkannt

Innenansicht der Neuen Wache in Berlin in der Gestaltung durch Heinrich Tessenow, nach 1933.
Deutsches Historisches Museum, Berlin

wird – wie beispielsweise die wohl häufigste, dass Deutschland »im Felde unbesiegt« geblieben sei. Generell richtete sich die dargestellte Trauer »in Frankreich mehr auf den gewonnenen Frieden, in Deutschland mehr auf den vergangenen Kampf«, und zwar im Zeichen der womöglich von einer Revanche bestimmten Zukunft.[20]
In Deutschland verringerte sich die Zahl der Denkmäler, deren Errichtung auch auf Spenden angewiesen war, mit dem Beginn der Hyperinflation in den Jahren 1922/23, nahm bald aber wieder zu. Die Einweihungsfeiern der Denkmäler blieben begleitet von politischen Konflikten, die sich vor allem an den Ansprachen und dem rituellen Verlauf der Feiern entzündeten. Immer wieder beispielsweise hielten alte kaiserliche Generäle, aber auch Offiziere der eigentlich republikanischen Reichswehr, Geistliche beider Konfessionen oder Politiker bei solchen Anlässen demokratiefeindliche und zur Revanche ermunternde Reden.[21]
Angesichts der umstrittenen Vielfalt der Erinnerungen, die sich in den Signaturen der Kriegsdenkmäler und in ihren Einweihungszeremonien zeigte, gewannen jene Mythen und Legenden an Bedeutung, die ein einheitliches Kriegserlebnis suggerierten. Nur so konnte die Erinnerung »vergoldet« und kollektiv Sinn geschaffen werden, wo individuell oft Sinnlosigkeit vorherrschte. Dabei rückte die Front in Belgien und Frankreich – die in Deutschland so genannte Westfront – in den Mittelpunkt. In der krisenhaften Schlussphase der Weimarer Republik ab 1928/29 – und zeitgleich

Elk Eber, »Die letzte Handgranate«, Gemälde, Deutschland 1937.
Deutsches Historisches Museum, Berlin

mit der erwähnten »Wiederkehr des Weltkrieges in der Literatur« – wurde eine massive Heroisierung der Gefallenen auf den Denkmälern in Deutschland überdeutlich. Der zumeist stahlhelmbewehrte Soldat, mitunter noch versehen mit Gewehr, Spaten oder Handgranate, fungierte ikonengleich vor allem als Träger einer Botschaft: Der Krieg ist nicht verloren worden, seine siegreiche Wiederaufnahme möglich und notwendig.[22]

Der Protest linker und/oder republiktreuer Organisationen dagegen verpuffte in der Regel wirkungslos. Alle Versuche, den vor allem an die Schlacht von Verdun (1916) gekoppelten Mythos des »eisenharten, nervenstarken Materialüberwinders« in Gestalt des deutschen Frontsoldaten oder des jugendlich-begeisterten Kriegsfreiwilligen von Langemarck mit Fakten zu entkräften, waren chancenlos. Dass es den Gesang des Deutschlandliedes bei Langemarck womöglich gar nicht gegeben hat – und geben konnte –, dass die gepriesene »Frontgemeinschaft« der »Helden bei Verdun« reine Fiktion war – derlei Einsichten verblassten angesichts der emotionalen Wirkmächtigkeit der Mythen, ihrer Darstellung in der Literatur und ihrer Symbolisierung in Denkmälern wie auch auf Friedhöfen. Insbesondere in dieser Hinsicht stand der republikanischen Linken keine

Langemarckhalle, August 1936.
Staatsbibliothek zu Berlin – Preußischer Kulturbesitz/bpk

geeignete Bildsprache zur Verfügung, die sowohl ihrem Selbstverständnis als auch dem Bedürfnis vieler Menschen nach Erklärungen für das zurückliegende »Menschenschlachthaus« entsprochen hätte.[23]
Nach 1933 erfuhr diese Entwicklung eine weitere Radikalisierung. Adolf Hitler, der sich selbst zum »Langemarckkämpfer« wie auch zum willensstarken Frontsoldaten stilisiert hatte, sowie der NS-Propaganda gelang es, die kursierenden Mythen für ihre Ziele zu vereinnahmen und zu nutzen. Alles, was diesen Prozess der »Gleichschaltung« hätte stören können, mithin auch pazifistisch orientierte oder zu wenig heroische Denkmäler, fiel nach 1933 der Spitzhacke zum Opfer. Übrig blieb die Stein und Bronze gewordene Hybris. Noch heute scheint etwas davon auf in der düsteren Präsenz der Langemarckhalle. Der Krieg, der schon zum Zeitpunkt ihrer Entstehung 1935/36 in Planung war, kannte »keinen Sieg mehr, nur noch den ›Endsieg‹«.[24]

»HELDENGEDENKEN« 35

1 Ludwig Scholz, Seelenleben des Soldaten an der Front. Hinterlassene Aufzeichnungen des im Kriege gefallenen Nervenarztes, Tübingen 1920, Vorwort.
2 Reinhart Koselleck, Der Einfluss der beiden Weltkriege auf das Bewusstsein, in: Wolfram Wette (Hg.), Der Krieg des kleinen Mannes. Eine Militärgeschichte von unten, München 1992, S. 324–343, hier: 331.
3 Vgl. Jeffrey Verhey, Der »Geist von 1914« und die Erfindung der Volksgemeinschaft, Hamburg 2000.
4 Hermann Pongs, Krieg als Volksschicksal im deutschen Schrifttum, in: Dichtung und Volkstum Nr. 35/1934, S. 40–86, 182–219, 218.
5 Vgl. Ernst Jirgal, Die Wiederkehr des Weltkrieges in der Literatur, Wien/Leipzig 1931.
6 Anonym, Im Kampf um die Deutung des Krieges, in: Eiserne Blätter Nr. 22/1931, S. 337–342, hier: S. 337. Vgl. zur Remarque-Rezeption: Bärbel Schrader, Der Fall Remarque. »Im Westen nichts Neues« – Eine Dokumentation, Leipzig 1992.
7 Michael Geyer, Das Stigma der Gewalt und das Problem der nationalen Identität in Deutschland, in: C. Jansen u. a. (Hg.), Von der Aufgabe der Freiheit. Politische Verantwortung und bürgerliche Gesellschaft im 19. und 20. Jahrhundert. Festschrift für Hans Mommsen zum 5. November 1995, Berlin 1995, S. 673–698, hier: S. 682.
8 Die Geschichte ist kein Friedhof. Interview mit Paul Ricoeur, in: Die Zeit Nr. 42 v. 8. 10. 1998.
9 Alain (das ist: E. A. Chartier), Mars oder die Psychologie des Krieges, Düsseldorf 1983 (1921), S. 60.
10 Siegfried Wegeleben, Das Felderlebnis. Eine Untersuchung seiner Entwicklung, seines Wesens und seiner Bedeutung für die Gegenwart, Berlin 1921 (Stimmen aus der christlichen Studentenbewegung, H. 8), S. 101, 103f., 105f.
11 Ebd., S. 115f.
12 Erich Weniger (1935), zit. nach: Bernd Ulrich/Benjamin Ziemann (Hg.), Krieg im Frieden. Die umkämpfte Erinnerung an den Ersten Weltkrieg, Frankfurt am Main 1997, Dok. 27c, S. 194–198, hier: S. 195f.
13 Reinhart Koselleck, Einleitung, in: ders., Michael Jeismann (Hg.), Der politische Totenkult. Kriegerdenkmäler in der Moderne, München 1994, S. 9–20, hier: S. 14.
14 Reinhart Koselleck, Der Einfluss der beiden Weltkriege auf das Bewusstsein, S. 335. Vgl.: Ders., Kriegerdenkmale als Identitätsstiftung der Überlebenden, in: Odo Marquardt/Karlheinz Stierle (Hg.), München 1979, Poetik und Hermeneutik, Bd. 8, S. 255–276.

15 Vgl.Volker Ackermann, »Ceux qui sond pieusement morts pour la France…«. Die Identität des Unbekannten Soldaten, in: Koselleck/Jeismann (wie Anm. 13), S. 281–314.
16 Vgl. Ken S. Inglis, Grabmäler für Unbekannte Soldaten, in: Rainer Rother (Hg.), Die letzten Tage der Menschheit. Bilder des Ersten Weltkrieges, Berlin 1994, S. 409–422.
17 Zit. nach Ulrich/Ziemann (wie Anm. 12), Dok. 18 l, S. 134.
18 Zit. nach ebd., Dok. 18 n, S. 135–137, hier: S. 137.
19 Zit. nach ebd., Dok. 18 m, S. 134f. Vgl. Benjamin Ziemann, Die deutsche Nation und ihr zentraler Erinnerungsort. Das »Nationaldenkmal für die Gefallenen im Weltkriege« und die Idee des »Unbekannten Soldaten« 1914–1935, in: Helmut Berding/Klaus Heller/Winfried Speitkamp (Hg.), Krieg und Erinnerung. Fallstudien zum 19. und 20. Jahrhundert, Göttingen 2000 (Formen der Erinnerung, Bd. 4), S. 67–91.
20 Reinhart Koselleck, Der Einfluß der beiden Weltkriege, S. 340.
21 Beispiele in Ulrich/Ziemann (Hg.) (wie Anm. 12), S. 125ff.
22 Sabine Behrenbeck, Zwischen Trauer und Heroisierung. Vom Umgang mit Kriegstod und Niederlage nach 1918, in: Jörg Duppler/Gerhard P. Groß (Hg.), Kriegsende 1918. Ereignis, Wirkung, Nachwirkung, München 1999, S. 315–339, hier: S. 335ff. Vgl. George L. Mosse, Gefallen für das Vaterland. Nationales Heldentum und namenloses Sterben, Stuttgart 1993.
23 Vgl. Benjamin Ziemann, »Macht der Maschine«. Mythen des industriellen Krieges, in: Rolf Spilker/Bernd Ulrich (Hg.), Der Tod als Maschinist. Der industrialisierte Krieg 1914–1918, Bramsche 1998, S. 177–189.
24 Koselleck (wie Anm. 13), Einleitung, S. 19.

Hans Joachim Teichler

Olympischer Lorbeer, Prestige, Hybris

Die Folgen der Olympischen Spiele 1936 für den deutschen Sport

»Es war ein deutsches Olympia«, triumphierte der wenige Wochen nach den XI. Olympischen Spielen in Berlin erschienene Berichtsband »Olympia 1936« des Reichssportverlages. Während Deutschland aus Los Angeles unter den Schmähungen der NSDAP nur vier Goldmedaillen nach Hause gebracht und in der Nationenwertung nur den 6. Platz belegt hatte, feierte man am 16. August 1936 einen unerwarteten Erfolg: Mit 38 Gold-, 31 Silber- und 32 Bronzemedaillen, einschließlich der damals offiziellen Kunstwettbewerbe, rangierte Deutschland vor den USA und Italien.

Die politische Umdeutung des sportlichen Erfolges

Die NS-Presse wusste um die starke politische Schubkraft des sportlichen Erfolges und überhöhte ihn propagandistisch: »Müssen wir sagen, dass der große Sieger der Olympischen Weltspiele Adolf Hitler heißt?«, lautete die rhetorische Frage der offiziellen »Olympia-Zeitung« vom 19. August 1936. Reichssportführer Hans von Tschammer und Osten rief noch einmal den Deutschen Olympischen Ausschuss zusammen und bekannte feierlich, »dass wir den olympischen Lorbeer, den wir für Deutschland erringen konnten, am Altar der nationalsozialistischen Bewegung niederlegen wollen«.[1] In »Politische Leibesübungen«, dem Fachorgan der Sportlehrer, lautete das 1937 gezogene olympische Fazit: »Das einzig sportlich positiv zu bewertende Großvolk ist Deutschland, und die sämtlich als mehrfach positiv zu bewertenden Kleinvölker bilden eine Gruppe engster wirtschaftlicher und kultureller Abhängigkeit von Deutschland. (…) Die sportlich positiv zu bewertenden Völker sind also nichts anderes als der deutsche Kulturkreis.« Die faschistische Presse Italiens interpretierte den Sporterfolg sozialdarwinistisch und beförderte die Olympischen Spiele in »La Tribuna« zum »Lebensbarometer der Völker. Aus der Klassifizierung ersieht man eine Trennung der jungen von den alten Völkern, d. h. derjenigen die voran marschieren, von denen die untergehen«. Noch deutlicher und in Rückbesinnung auf gemeinsame Ideologieelemente resümierte die täglich erscheinende »Gazetta dello Sport« am 19. August 1936: »Einzelne Rassen und Nationen sind in ihren Leistungen bei den Weltspielen im Aufstieg begriffen, während andere, wie England und

Deutsche Fechtmeisterschaften in Hannover. Der SS-Gruppenführer Reinhard Heydrich (rechts) begrüßt Untersturmführer Ernst von Kretschmann, 21. April 1938.
ullstein bild, Berlin

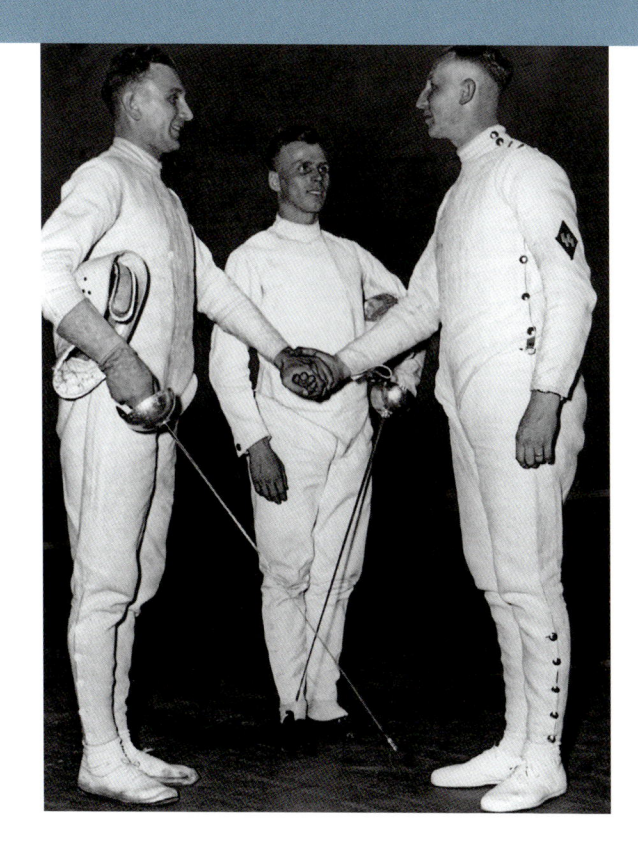

Frankreich, auf dem Weg der Dekadenz sind. Es sind die jungen Völker, die vormarschieren.« Aus der nicht nur im nationalsozialistischen Gedankengut der dreißiger Jahre verbreiteten Überzeugung, »dass der sportliche Aufstieg eines Volkes als ein Teil seiner nationalen Höchstleistung zu werten ist«[2], zog bezeichnenderweise die rassistisch geprägte und elitär konzipierte SS nach den Olympischen Spielen die ersten Konsequenzen: Heinrich Himmler gab die Losung aus, dass die SS zukünftig die Hälfte der deutschen Olympiamannschaft stellen wollte (»Wir haben das beste Blut«, Rede in Dachau vom 8. 11. 1936). Reinhard Heydrich, der es im Säbelfechten mit der SS zum Deutschen Mannschaftsmeister gebracht hatte, erteilte der SS schon 1935 in »SS – Wandlungen unseres Kampfes« den (nie realisierten) Befehl, »sportlich stets unter den Ersten zu sein.«

Die sportlichen Ambitionen der SS manifestierten sich in der Folge nicht nur im Sportabzeichenerlass Himmlers, der Heiratsgenehmigungen und Beförderungen von der jährlichen Absolvierung des SA-Wehrsportabzeichens abhängig machte, sondern auch in der Übernahme der Führerposition in mehreren Fachämtern des Deutschen und ab 1938 Nationalsozi-

Eintreffen der Fackelläufer vor dem Alten Museum in Berlin. Formationen der Hitler-Jugend (HJ) und des zur HJ gehörenden Bundes deutscher Mädel (BDM) waren anlässlich des Ereignisses im Lustgarten aufmarschiert.
Deutsches Historisches Museum, Berlin / Jos. Schorer

alistischen Reichsbundes für Leibesübungen durch höhere SS-Führer. Das erfolgreiche sportliche Abschneiden bei den Olympischen Spielen hatte die Prestigepotentiale des Sports nicht nur für die SS offenbart. Jede der verschiedenen »Männerorganisationen« des »Dritten Reiches« trachtete danach, ihre Stärke und Leistungsfähigkeit auch und vor allem im Sport unter Beweis zu stellen. In allen Gliederungen, besonders extrem in der SS, wurden sportliche Erfolge statistisch festgehalten und publizistisch ausgewertet. Besonders deutlich trat diese Instrumentalisierung des Sports in der filmischen Selbstdarstellung der verschiedenen NS-Gliederungen zu Tage. Eigene Sportämter, Sportschulen, Sportzeitungen und Meisterschaften (Kampfspiele) wurden Ausdruck der Sportkonjunktur in Wehrmacht, Polizei, SA, SS, Deutscher Arbeitsfront (DAF), NS-Kraftfahrkorps (NSKK), NS-Fliegerkorps (NSFK) und Hitler-Jugend (HJ). Selbst der »Reichsnährstand« gründete eine eigene Reichssportschule.

Leistungssport in der HJ

»Weltgeltung Deutschlands als Sportnation«[3] lautete die Zielvorgabe von Seiten des Reichsjugendführers Baldur von Schirach zur Durchführung des Leistungssports in der Hitler-Jugend. Einen spektakuläreren Rahmen als die olympische Jugendfeier zum Empfang des olympischen Feuers, zu der am

1. August 1936 20 000 Jugendliche im Berliner Lustgarten aufmarschiert waren, hätte sich von Schirach zur Verkündigung der neuen sportlichen und leistungssportlichen Ausrichtung der HJ kaum suchen können. Unter den Augen der Weltöffentlichkeit wurde das neue Abkommen mit dem Reichssportführer verkündet, wonach die »gesamte Erziehung der deutschen Jugend außerhalb der Schule« – also auch der Sport – zur Angelegenheit des Jugendführers des Deutschen Reiches gemacht wurde. Mit einem Schlag verloren die 43 500 Vereine des Deutschen Reichsbundes für Leibesübungen (DRL) ihre Jugendabteilungen. Die 10- bis 14-Jährigen mussten in den freiwilligen Sportdienst des Jungvolkes (der HJ-Vorstufe) wechseln. Allein das Fachamt Turnen, ein traditioneller Vorreiter des Kinder- und Jugendsports, verlor durch den sportlichen Monopolanspruch der HJ mit 409 235 Jugendlichen fast ein Drittel seines Mitgliederbestandes.[4] Übergangsweise und »zur Förderung der sportlichen Leistungen und zur Sicherung des Nachwuchses des DRL« blieb das weitere Training sportlich veranlagter Jugendlicher in den Vereinen des DRL gestattet. Um die politische Kontrolle zu gewährleisten, wurden die Jugendwarte der Vereine und Verbände auf HJ-Mitgliedschaft verpflichtet und den Stäben der HJ-Banne und -Gebiete zugeteilt. Diese sportlich versierten Fachkräfte unterstellte man am 1. April 1937 einem Hauptreferat Leistungssport in der Reichsjugendführung (RJF), dem schon 1938 »26 Referenten für Leistungssport in 26 Gebieten, 26 Gebietsfachwarte für jede Sportart, 455 Referenten für Leistungssport in 455 Bannen und 455 Bannfachwarte für jede Sportart« zugeordnet waren – ein gigantischer Personalaufwand. Mit diesem eindimensionalen »Dienstweg des Leistungssports« von der Reichsjugendführung (RJF) in Berlin über Gebiete, Banne und die HJ-geführten Vereinsgruppen im Reichsgebiet entstand ein in der Welt der dreißiger Jahre einmaliges und modernes System des Nachwuchsleistungssports. Die einstmals freie Selbstverwaltung des Jugendsports fiel allerdings der straffen Reglementierung durch die »Staatsjugend« zum Opfer. Nach eigenen Angaben ausgestattet mit einem Etat von 11,2 Millionen RM[5], übernahm die HJ das Qualifikationssystem des Erwachsenensports und veranlasste »die listenmäßige Erfassung der besten Hitlerjungen in jeder Sportart für das gesamte Reichsgebiet«[6]. Mit der Bildung von Reichsleistungsgruppen und sportlichem Spezialtraining bei Reichs- und Olympiatrainern des DRL setzte die RJF den eingeschlagenen Weg zur konsequenten Elitebildung fort. Die Frage Hitlers beim Empfang der deutschen Olympiateilnehmer der Berliner Sommerspiele 1936 nach dem Weg der sportlichen Vorbereitung auf die Spiele in Tokio 1940 war schon im August 1936 mit der klaren Aussage beantwortet worden: »Das machen

Boxkampf während der »Sommerkampfspiele« der Hitler-Jugend in Breslau, 1942.
ullstein bild, Berlin

wir mit der Hitlerjugend.«[7] Damit war der olympiafixierte leistungssportliche Kurs, der unter den eingefleischten Anhängern der NSDAP nie unumstritten war, von höchster Stelle abgesegnet worden. Reichswettkämpfe der HJ und des Bundes Deutscher Mädel (BDM) in den Winter- und Sommersportarten, nach Jahrgängen organisiert, ergänzten ab 1938 den traditionellen Wettkampfkalender des deutschen Sports. Vor allem aus dem BDM-Schwimmsport gingen zahlreiche Meisterschwimmerinnen hervor, die sogar Weltrekorde (Gisela Grass) aufstellten. Mit der Vorverlagerung des Leistungssports in den Jugendbereich nahm die HJ eine Entwicklung vorweg, die – von wenigen früheren sportlichen »Wunderkindern« abgesehen – weltweit erst in den siebziger Jahren leistungssportlich umgesetzt wurde. Die sprunghafte Vermehrung der HJ-Jugendmeisterschaften in den einzelnen Sportarten wurde 1939 zwar aus ideologischen und finanziellen Gründen gestoppt. Sie existierten aber in den Sommerkampfspielen für die Sommersportarten (wie z. B. Leichtathletik und Schwimmen), in den Hallenkampfspielen (z. B. Turnen, Fechten, Boxen, Ringen) und in den Winterkampfspielen für die Wintersportarten weiter und bil-

Titelbild der »Kraft durch Freude Programm-Mitteilungen«, 1. Juni 1938.

deten ein geschlossenes Wettkampfsystem mit vorgelagerten Ausscheidungskämpfen, das den Rahmen für Gemeinschaftserlebnisse und politische Kundgebungen bot. Im Krieg verleibte sich die HJ zusätzlich noch den schulischen Wettkampfsport ein und erreichte dadurch das Monopol für den jugendlichen Leistungssport. Die sportliche Leistungsfähigkeit der HJ wurde von Schirachs Nachfolger, Arthur Axmann, als »beispiellose Substanz einer kraftvollen jungen Generation«[8] gedeutet. Mit den Sommerkampfspielen in Breslau 1940 bis 1943, die mit internationaler Beteiligung stattfanden, erreichte der Jugendleistungssport das Niveau von Länderkämpfen. »Die überlegenen Siege der Hitlerjungen und BDM-Mädchen verstärkten die Hybris der Gastgeber und verleiteten sie zu der Prognose: ›Deutschland ist die größte Sportnation der Erde‹ und ›wird es für alle Zeiten sein‹ (Sport der Jugend 1941, Nr. 18)«.[9] Die Attraktivität des Leistungssports für Jugendliche verfehlte ihre politisch intendierte Bindungswirkung nicht: In einer Ausarbeitung der »Deutschland-Berichte« der Sozialdemokratischen Partei Deutschlands (Sopade) über die deutsche Jugend lässt der Berichterstatter einen 18-jährigen Gefolgschaftsführer der Hitler-

Mercedes-»Silberpfeil« in der Nordkurve der für Autorennen genutzten Berliner Autostraße Avus, 1938.
ullstein bild, Berlin

Jugend zu Wort kommen: »Um vom Faschismus begeistert zu sein, muss man wissen, was Faschismus ist. Ich glaube, nicht fehl zu urteilen, wenn ich sage: unter meinen 150 Jungen ist keiner, der weiß, was Faschismus ist. Die Jungen sind zwar begeistert, aber es ist nicht die Idee des Nationalsozialismus, die sie innerlich beseelt, es ist die Begeisterung für den Sport, für die Technik, für die Romantik.«[10]

Der Pakt mit der Moderne

Unter Vernachlässigung vieler anderer wichtiger Gesichtspunkte, zu denen auch die kriegsvorbereitende Rolle des Sports im nationalsozialistischen Deutschland gehört, soll nun die Aufmerksamkeit auf die lange übersehene, neuerdings von einigen Autoren aber auch überschätzte »Modernität« des Nationalsozialismus gelenkt werden.
Mit den Sonderformationen der HJ (Flieger-HJ, Marine-HJ, Motor-HJ und Nachrichten-HJ) wurde der männlichen Jugend ein bislang nicht gekannter Zugang zu Sport und Technik eröffnet, den auch die Nationalpolitischen Erziehungsanstalten (Napola) für ihre rückwärtsgewandten Zwecke nutzten. Mit den Mitteln der Moderne steuerte das »Dritte Reich« auf eine vor- bzw. antimoderne Utopie zu.

Das Heldenbild des jungen Menschen in der Mitte der dreißiger Jahre ist der Autorennfahrer, notierte Victor Klemperer in »LTI«, seinem »Notizbuch eines Philologen«; »Flieger« ist der neue Berufswunsch der Jungen, berichtete der Gewährsmann der »Deutschland-Berichte der Sopade«, eine gewiss nicht systemkonforme Quelle. Klemperer machte allerdings auf die Ambivalenz dieser Heldenverehrung aufmerksam, d. h. auf den kurzen Schritt vom Rennfahrer zum Panzerfahrer und zur fast beliebigen Austauschbarkeit des Heroischen zwischen Sport und Krieg.[11] Gestützt durch die von Hitler persönlich angeordnete staatliche Förderung des Automobilrennsports, dominierten deutsche Fabrikate ab 1935 den internationalen Motorrennsport. Unter geschickter Ausnutzung der Technikbegeisterung der dreißiger Jahre und mit dem Verweis auf »deutsche Wertarbeit« wurden die Rennfahrer der »Silberpfeile« zu »Ikonen der NS-Moderne«.[12] Die deutsche Filmpropaganda produzierte von 1938 bis 1940 eine ganze Serie von Motorsportfilmen, welche gezielt diesen komplexen Zusammenhang von Technik, Sport und Starkult ausnutzten. Streifen wie DEUTSCHE RENNWAGEN IN FRONT (1938), JUNGENS, MÄNNER UND MOTOREN (1938), SIEG AUF DER GANZEN LINIE (1938), JUGEND AM MOTOR (1939/40), DEUTSCHER KRAFTFAHRSPORT VORAN (1940) und schließlich MÄNNER IN LEDER (1940) sprachen gezielt die Jugend und die technikbegeisterten Männer an. Die fortschrittlichen Elemente des Motorsports wurden von der begleitenden Literatur und Presse symbolisch ins Militärische transferiert: Ein als »Tatsachenbericht« deklarierter Text in »Junge Welt« wies 1938 z. B. dem Sportspektakel Attribute einer paramilitärischen Aktion zu. Formulierungen wie »gigantische Motorenschlacht«, »Kampfvorbereitungen«, »Klar zum Gefecht«, »meisterhafte Kampfführung« usw. suggerierten einen eindeutig militärischen Charakter. Der Rennfahrer verkörperte das Ideal des nationalsozialistischen Menschenbildes, »hartes dem Tod ruhig ins Auge blickendes Kämpfertum«. Sein Jagen über »reifenmordende Betongeraden« wurde schließlich stilisiert zum »Kampf für Deutschland«.[13] Die von Klemperer aufmerksam registrierten ästhetischen Reize des Nationalsozialismus und die sich in den Sportfilmen der dreißiger Jahre widerspiegelnde Popularisierung und Heroisierung des Motorsports – kulminierend in den Erfolgen, Weltrekordfahrten und schließlich im »Märtyrertod« Bernd Rosemeyers – zeigt eine häufig unterbewertete Seite des Nationalsozialismus: seine Modernität, seine Jugendlichkeit, seine Fixierung auf Erfolg und Leistung und seinen Pakt mit der modernen Technik. Himmlers Nachruf im »Völkischen Beobachter« vom 30. Januar 1938 auf Bernd Rosemeyer, der bei einem sinnlosen Weltrekordversuch ums Leben gekommen war, deutete mit der

Schlagzeile »Sein Leben hieß: Angreifen, kämpfen, siegen!« das motorsportliche Schicksal militärisch um. Gleiches gilt für den Nachruf der SS im selben Blatt: »Sein unbeugsamer Wille, sein starker Mut, seine stete Einsatzbereitschaft und sein unbeirrbarer Glaube an ein ewiges Deutschland machten ihn zu einem vorbildlichen SS-Mann, der auch im Tod nicht verloren ist.« Mit der Benennung eines SS-Motorsturms nach Bernd Rosemeyer versuchte die SS auch noch nach dem Tod von der Popularität des Motorsportidols zu profitieren. Dies gilt auch für Hitler, der seine private Motorsportbegeisterung öffentlich demonstrierte. So begrüßte er im Februar 1939 zuerst die vor der Neuen Reichskanzlei angetretenen Motorsportasse von Auto-Union und Mercedes, bevor er – flankiert von den erfolgreichen »Silberpfeilen« – die Fahrt zur internationalen Automobil- und Motorradausstellung antrat, wo er sich mit NSKK-Chef Adolf Hühnlein zunächst in die »Ruhmeshalle« des deutschen Motorsports begab. Es handelt sich also um eine in hohem Maße instrumentalisierte »Moderne«. Das gilt auch für den Schulsport. Zum Entsetzen gestandener Turnlehrer führte das Reichserziehungsministerium in Jahr 1935 Fußball und Boxen als neue Schulsportarten ein; beide waren bei der Schülerschaft und beim Massenpublikum äußerst beliebt.

Ohne durch diese Beispiele aus der Sport- und Schulpraxis den Nationalsozialismus normalisieren oder gar banalisieren zu wollen, muss auf diese immer noch zu wenig beachteten, von den Zeitgenossen mehrheitlich aber als fortschrittlich empfundenen, modernen Komponenten der nationalsozialistischen Herrschaftspraxis hingewiesen werden. Die reale Sportfreundlichkeit des Nationalsozialismus, sein Pakt mit der Technik, der Ausbau der modernen Massenkommunikationsmittel werden oftmals übersehen, wenn man sich nur mit der rückwärtsgewandten, völkisch verbrämten Programmatik beschäftigt.

Die Geschichte des Nationalsozialismus ist die »Geschichte seiner Unterschätzung« (K. D. Bracher). Der Pakt des Nationalsozialismus mit der Moderne (Technik, Medien, Sport) ist Bestandteil seiner Erfolgsgeschichte. Deutsche Sporterfolge in internationalen Vergleichen hat es auch vor 1933 gegeben; bei den Olympischen Spielen 1928 belegte die deutsche Mannschaft den 2. Platz in der fiktiven Nationenwertung. Neu war nach 1933 die unmittelbare, zum Teil plumpe Ummünzung des sportlichen Erfolges in den politischen (MAX SCHMELINGS SIEG – EIN DEUTSCHER SIEG – so hieß der von Goebbels persönlich angeordnete Titel des Filmes über den Kampf Schmeling gegen Joe Louis 1936). Während sich Weimarer Spitzenpolitiker, wie z. B. Gustav Stresemann, vom Starrummel im Sport distanzierten, hofierte Hitler die Sportidole der dreißiger Jahre.

Feldküche beim SA-Sportfest im Deutschen Stadion, 5. August 1933.
Bayerische Staatsbibliothek München / Heinrich Hoffmann

Der »notorische Nichtsportler« Hitler lag mit seinem vordergründigen Sportverständnis, mit seiner naiven Begeisterung für die Profisportarten Boxen und Automobilrennsport weit näher am Geschmack des Massenpublikums als die Sportideologen traditionellen und nationalsozialistischen Zuschnittes. Das hinderte ihn nicht, seinen Lieblingsarchitekten Speer mit der Planung eines sportlich völlig unbrauchbaren Stadions zu beauftragen, das zwar nach antiken Vorbildern entworfen wurde, aber mit einem geplanten Fassungsvermögen für 400 000 Besucher alle Maßstäbe sprengte.

Der Rückgriff auf die Antike

Als die NSDAP 1936 den »Parteitag der Ehre« beging, lagen die Olympischen Spiele in Berlin nur wenige Wochen zurück.[14] Hitler hatte den sportlichen und politischen Triumph im neuen Berliner Olympiastadion ausgekostet und plante nun, auch den Nationalsozialistischen Kampfspielen, die ab 1934 als nationalsozialistische Variante der seit 1922 bestehenden Deutschen Kampfspiele stattfanden, eine »würdige Heimstatt« zu geben. Das Deutsche Stadion in Nürnberg sollte alle Stadionbauten der Antike und Moderne überragen, da die NS-Kampfspiele die internationalen Olympischen Spiele übertreffen und – wenn die Zeitzeugenaussagen von Albert Speer und dem Reichspressechef der NSDAP Otto Dietrich zu

Musikzug der SA während des SA-Sportfestes im Deutschen Stadion, 7. August 1933.
Bayerische Staatsbibliothek München/Heinrich Hoffmann

diesem Punkt zutreffen – auch ablösen sollten. Mit seinen enormen Dimensionen sollte der »Kolossalbau« die »monumentalste Stätte« werden, die je dem Sport gewidmet wurde. Die geplanten Abmessungen von 540 Metern Länge, 445 Metern Breite und 82 Metern Höhe übertrafen das Berliner Olympiastadion bei weitem. Unter dem Eindruck des Stadions in Athen, das für die Olympischen Spiele 1896 rekonstruiert worden war, hatte sich Speer für eine offene Hufeisenform entschieden. Er ignorierte den intimen Geist der Athener Sportstätte und plante einen umbauten Raum von 8,5 Millionen Kubikmetern – mehr als das 30-fache des Berliner Olympiastadions. Speers steriler »Neoklassizismus« – später als »konservative Gegenposition« zur »Moderne« eingestuft[15] – fand den Beifall auch nichtdeutscher Zeitgenossen und wurde auf der Pariser Weltausstellung mit einem Grand Prix ausgezeichnet. Bezeichnenderweise fand sich in den Bauplanungsunterlagen kein einziges Programm für die Sportanlagen. Die Laufbahn war nach Auskunft Speers auf 600 Meter erweitert worden und entsprach nicht mehr olympischen Vorgaben.[16] Um die Sichtverhältnisse zu testen, wurde an einem Steilhang bei Oberklausen (Oberpfalz) ein Teilmodell der Zuschauertribünen in natürlicher Größe angelegt, das am 21. März 1938 von Hitler besichtigt wurde. Im Talgrund demonstrierten Arbeitsdienstabteilungen »gymnastische Übungen« für den kostspieligen Sehtest, der nach Speers Erinnerungen zur Zufriedenheit ausfiel. Nach der pompösen Grundsteinlegung am 9. September 1937 während des »Parteitages der Arbeit«, die allein 142 000 Reichsmark kostete, entstand in der Folge die »größte Baustelle der Erde«, wie die Parteipresse stolz behauptete. In Wahrheit war es zunächst ein riesiges Loch, das aufwendig vom Grundwasser frei gehalten werden musste. In den benachbarten Lagerhallen stapelten sich die von 100 Firmen angelieferten teuren Granitplatten für die Außenwände. Für die gebaute nationalsozialistische Selbstdarstellung, deren Fertigstellung im Jahr 1944 erfolgen sollte, waren Baukosten von ca. 1 Milliarde RM eingeplant. Heute bedeckt der Wasserspiegel des so genannten Silbersees die größte Baugrube des »Tausendjährigen Reiches«. Nach den Bombenangriffen im Januar 1945 hatte die Bauleitung die Pumpen abgestellt.

Das Krisenjahr 1937

Der nacholympische Sportboom in den NS-Gliederungen, unter denen sich neben der HJ die nach 1933 beschäftigungslos gewordene SA mit sportlichen und sportpolitischen Ambitionen hervortat, stürzte ausgerechnet den Deutschen Reichsbund für Leibesübungen (DRL), der die olympischen Sporterfolge vorbereitet hatte, in seine größte Krise. Von 6,2 Millionen organisierten Vereinsmitgliedern im Jahr 1933, zu denen noch viele der 1,5 Millionen Sportler des 1933 zerschlagenen Arbeitersports hinzugerechnet werden müssen, waren 1937 nur noch 3,5 Millionen übrig geblieben. Der Prager »Neue Vorwärts« charakterisierte diese Entwicklung 1937 als »Bankrott der braunen Sportpolitik und Organisation«. Vor allem im ländlichen Bereich standen die damals noch weitgehend männlich geprägten kleineren Sportvereine durch die sprunghaft gestiegenen »dienstlichen« Verpflichtungen der jungen Männer (Reichsarbeitsdienst, SA, NSKK, zweijährige Wehrpflicht) vor dem Aus. Nach einer Führertagung des DRL am 21. Juni 1937 konnte Reichssportführer Hans von Tschammer und Osten zwar verkünden, dass »SA-Kampfspielgemeinschaften«, »SS-Sportgemeinschaften«, die »Betriebssportgemeinschaften« der Nationalsozialistischen Gemeinschaft »Kraft durch Freude« (KdF), »Militärsportvereine« und »Polizeisportvereine« zukünftig ihren Wettkampfsport im Rahmen des DRL betreiben würden. Da aber das Reservoir an sportbegeisterten und leistungsfähigen Athleten nicht unbegrenzt war, vermochte dieses Abkommen das traditionelle Vereinswesen nur unzureichend zu schützen, zumal SS, SA und Wehrmacht über »zugkräftigere Werbemethoden« verfügten. Unter den Vertretern des traditionellen Sports herrschte Niedergeschlagenheit, wie aus einem Schreiben des Fachamtsleiters Boxen, Franz Metzner, an Reichsinnenminister Wilhelm Frick hervorgeht. Als persönlicher Referent des für den Sport

Teilnehmer der »Reichswettkämpfe der SA« beim Warmlaufen im Olympiastadion, 1937.
picture-alliance/akg-images, Frankfurt am Main

zuständigen Innenministers versuchte er seinen Chef zu einer Intervention bei Hitler zu bewegen:

Hochzuverehrender Herr Minister!
Am Montag fand beim Reichssportführer eine Sitzung statt, die mir einen niederdrückenden Eindruck über die Verhältnisse im deutschen Sport übermittelte. Seit den Olympischen Spielen haben alle Gliederungen der Partei mehr oder weniger Interesse am Sport und zwar in erster Linie S.A., Arbeitsfront, SS. und HJ. Während die SS. sich rückhaltslos zum Reichsbund für Leibesübungen bekennt und sich bedingungslos eingliedert, und während die H.J. Jugendliche nur bis zum 18. Jahr betreut und dann an die Reichsbundvereine abgibt, beanspruchen SA. und Arbeitsfront nicht nur die Betreuung sportlicher Betätigung ihrer Angehörigen im allgemeinen sondern insbesondere auch den Leistungssport, der bisher ausschließlich den DRL-Vereinen vorbehalten war. Die SA. z. B. zieht jetzt überall SA.-Sportabteilungen auf, tut dies jedoch nicht im Rahmen der eigenen Formationen sondern holt sich hochqualifizierte Leistungssportler unter gewissem Druck aus den Reichsbund-Vereinen. Hierdurch werden einmal die Vereine geschädigt und auf die Dauer vernichtet und zum anderen die Spitzenleistungen unserer großen Könner zweifellos herabgedrückt. Außerdem werden die Sportler, wenn sie jetzt neben ihren Vereins- und DRL.-Meisterschaften, ihren Gau- und Länderkämpfen

auch noch SA.-Kämpfe machen müssen, überanstrengt und müssen in ihren Leistungen nachlassen. Es ist jetzt schon vorgekommen, dass Leistungssportler sich an Gaumeisterschaften nicht beteiligen konnten, weil sie zu einem SA.-Sportfest befohlen waren. In meinem Fach Boxen, das die größten Anforderungen an die sportliche und seelische Leistungsfähigkeit der Männer stellt, muss der Sommer unbedingt als Ruhepause benutzt werden. Wenn die SA. jetzt qualifizierte Boxer zu sich herüberzieht, um sie zu den Ausscheidungskämpfen für die NS.-Kampfspiele in Nürnberg einzusetzen, geht diese Ruhepause verloren und für die vom Führer immer wieder gewünschten internationalen Kämpfe stehen nur noch überarbeitete Boxer zur Verfügung. Wenn ein Sportler wie z. B. ein Hundertmeterläufer, ein Schwimmer, Tennisspieler oder Boxer im Rahmen des SA.-Sports außerdem noch den allgemeinen Wehrsport mitmachen muss, so leidet seine Leistungsfähigkeit selbstverständlich auch.
Es herrscht bereits jetzt im Reichsbund für Leibesübungen eine Unsicherheit wie sie größer kaum denkbar ist. Keiner weiß, woran er ist und allgemein wird ein starker Rückgang deutscher sportlicher Leistungsfähigkeit befürchtet. Nach meinen Erfahrungen muss ich mich zu derselben Sorge bekennen und insbesondere betonen, dass ich für 1940 in Tokio und auch für die Länderkämpfe vorher für Deutschland einen katastrophalen Rückschlag befürchte. Geht diese Entwicklung weiter, so wird der Reichsbund in absehbarer Zeit ausgehöhlt und die SA. tritt an seine Stelle. Das bedeutet, dass von den internationalen Verbänden die SA. niemals als der deutsche Spitzenverband der freiwilligen Sportbetätigung angesehen werden wird, dass also Deutschland aller Voraussicht nach sich an Olympischen Spielen nicht wieder wird beteiligen können. Diese Sorge haben nicht nur ich, sondern sämtliche Gauführer und Fachamtsleiter, insbesondere auch Dr. von Halt, der jetzt schon beim Olympischen Kongreß in Warschau gegen Amerika und Schweden in der Anerkennung des freiwilligen deutschen Sports einen schweren Stand hatte.[17]

Da sich weder Reichsinnenminister Frick noch Reichssportführer Hans von Tschammer und Osten bei Hitler Gehör verschaffen konnten, legte Metzner nach und verfasste im August 1937 eine sechsseitige Denkschrift über »Die Gefährdung des deutschen Sports«. Sie wiederholte, präzisierte und dramatisierte die Situationsbeschreibung des in die Krise geratenen Vereinssports. In den Mittelpunkt seiner Argumentation stellte Metzner wieder die Gefährdung der internationalen Leistungsfähigkeit und die drohende sportliche Isolation des Reiches, die nur durch eine klare Führer-Entscheidung abgewendet werden könne:

Nach den internationalen Bestimmungen wird zur Beteiligung bei Olympischen Spielen, bei Europameisterschaften oder überhaupt für jeden internationalen Sportverkehr nur ein großer, freiwilliger Spitzenverband anerkannt. Schon 1933 hat es Mühe gemacht, und war sehr schwierig, die Anerkennung des DRL als solchen freiwilligen Verband durchzusetzen, ebenso jetzt beim Internationalen Olympischen Kongreß in Warschau. (…) Die große Frage, die also zunächst entschieden werden muss, lautet: Wünscht der Führer auch in Zukunft eine Beteiligung Deutschlands am internationalen Sportverkehr, an Europameisterschaften und Olympischen Spielen, oder soll der deutsche Sport lediglich intern in Deutschland betrieben werden? (…) Der Auflösungsprozess des DRL kann durch beruhigende Erklärungen heute nicht mehr aufgehalten werden, sondern einzig und allein durch eine klare Tatsachen schaffende Entscheidung des Führers, die die Gliederungen der Partei befolgen werden. (…) Jedenfalls ist zur Beruhigung der Millionen sporttreibenden Volksgenossen eine Klärung jetzt dringend erforderlich; denn sonst wird Deutschland 1940 in Tokio einer schweren Niederlage entgegensehen.[18]

Auch wenn die Gefahr einer internationalen Isolierung angesichts der guten Beziehungen des deutschen Sports zum IOC als übertrieben dargestellt bezeichnet werden muss, verfehlte die Aussicht auf einen drohenden sportlichen Niedergang offensichtlich nicht ihre Wirkung. Wie stark andererseits die Ambitionen von SA und KdF auf eine Übernahme des Sports und die dadurch ausgelösten Rivalitäten tatsächlich waren, zeigte sich im erbitterten Ringen um den Erlass des Nationalsozialistischen Reichsbundes für Leibesübungen (NSRL), der erst am 21. Dezember 1938 veröffentlicht wurde. Obwohl sich Hitler mit der Genehmigung der erneuten Bewerbung von Garmisch-Partenkirchen für die Olympischen Winterspiele von 1940, die auch tatsächlich im Juni 1939 vom IOC an die bayerische Stadt vergeben wurden, noch einmal dafür entschieden hatte, die internationale Option zu bevorzugen, dauerten die Kompetenzstreitigkeiten um die Führung im deutschen Sport hinter den Kulissen auch in den Kriegsjahren an.[19] Die durch die Olympischen Spiele 1936 entfachte Sportkonjunktur in den NS-Organisationen stürzte den traditionellen Vereinssport in eine existenzielle Krise, die auch nach der Umwandlung in den Nationalsozialistischen Reichsbund für Leibesübungen fortdauerte.

Weltherrschaftspläne auch im Sport

Zur Überraschung der deutschen Sportführung, die sich nach Kriegsbeginn auf eine Phase ausschließlich nationaler Sportarbeit eingestellt hatte, ordnete Hitler am 12. September 1939 die Fortführung der Olympiabauten in Garmisch-Partenkirchen an. Wenn auch kurzfristige taktische Überlegungen bei dieser Entscheidung mitgespielt haben dürften, so wird durch diese Entscheidung doch deutlich, welche Symbolkraft die NS-Führung bzw. Hitler persönlich dem Sport zusprachen. Außenminister Ribbentrop befahl Tschammer die Fortführung des internationalen Sportverkehrs. Mit über 250 Länderkämpfen, einer »Kriegs-Europameisterschaft« (Boxen in Breslau) und zahlreichen nationalen und internationalen Begegnungen entfaltete der Sport Aktivitäten, die bei der historischen Aufarbeitung des gesellschaftlichen Lebens in Deutschland während des Zweiten Weltkrieges meist übersehen werden. Nach dem Willen der NS-Führung sollte der Sport Leistungsfähigkeit ausstrahlen, den Durchhaltewillen stärken und vor allem Ablenkung vom tristen Kriegsalltag verschaffen. Um den Beitrag des Sports zur Verbesserung der Stimmungslage in der Bevölkerung zu koordinieren, wurde eigens ein »Kriegssportausschuss« gegründet, in dem alle mit Sportfragen befassten Stellen von Partei, Wehrmacht und Staat zusammengefasst wurden. Entsprechend der Aufgabenstellung übernahm das Propagandaministerium die Finanzierung der Kriegsprogramme des Nationalsozialistischen Reichsbundes für Leibesübungen.

Nach Beendigung des Westfeldzuges waren allerdings auch die machtpolitischen Voraussetzungen für eine »Neuordnung« der Machtverhältnisse im internationalen Sportverbandswesen gegeben. Deutschland mit nur drei und Italien mit keinem Verbandssitz hatten einen Nachholbedarf. Dagegen hatten allein in Belgien und Frankreich zwölf internationale Sportverbände ihren Sitz, was eine Folge der sportpolitischen Situation nach dem Ersten Weltkrieg war. Die ersten Ansprüche wurden überraschenderweise von italienischer Seite angemeldet. Unter der Schlagzeile »Frischer Wind im europäischen Sport« forderte der italienische Sportpublizist Luigi Ferrario in »Gazzetta dello Sport«, dass auch im Sport die Achsenmächte die Führung übernehmen müssten. Auf diesen, nur von der deutschsprachigen »Brüsseler Zeitung« am 27. August 1940 wiedergegebenen Anspruch antwortete am 3. September postwendend Carl Diem mit einem Artikel – ebenfalls im Sportteil der »Brüsseler Zeitung« –, in dem er apodiktisch festhielt: »Die Neuorientierung des europäischen Sports hat ihren geografischen und geistigen Mittelpunkt in Deutschland.« Diem führte zu diesem Zeitpunkt in der belgischen Hauptstadt als kommissarischer Leiter der Auslandsabteilung des NSRL Verhandlungen mit dem IOC-Präsidenten Baillet-Latour über die »Umformung des IOC nach deutschen Vorstellungen«.[20] Der Streit um die Verteilung der

Hermann Fegelein, damals Leiter der SS-Hauptreitschule München, während eines Interviews für das Fernsehen, 1939.
SV-Bilderdienst, München/Scherl

sportpolitischen »Beute« zwischen den Achsenpartnern wurde sowohl auf diplomatischer als auch auf publizistischer Ebene geführt, trug streckenweise skurrile Züge, kam aber nie zu einem Ergebnis.

Die Trumpfkarten bei den Verhandlungen, d.h. die Akten der »eroberten« internationalen Sportverbände hielten allerdings die Deutschen in Händen. Unter Hinweis auf die zukünftige Führungsaufgabe Deutschlands – so NSKK-Chef Hühnlein[21], der an den internationalen Motorsportverbänden interessiert war – wurden die Akten zahlreicher Verbände nach Deutschland verbracht. Auch Tschammers Begründung für die staatliche Bezuschussung der Internationalen Wintersportwoche 1941 lässt an Eindeutigkeit nichts zu wünschen: »Wir erreichen damit, daß in immer stärkerem Maße Deutschland sich als internationaler Mittelpunkt des Sports verfestigt und daß wir in Zukunft die Führung im internationalen Sport in die Hand bekommen. Die sportpflegenden europäischen Länder werden daran gewöhnt, die deutsche Sportführung als maßgebend anzuerkennen.«[22]

Während die geplante Aufteilung des europäischen Sports 1942 scheiterte, die militärische Lage sich an allen Fronten immer weiter verschlechterte, unterbreitete noch im Herbst 1942 der hoch dekorierte Springderby-Sieger und spätere Verbindungsoffizier Himmlers zum Führerhauptquartier Hermann Fegelein dem Reichsführer SS den Plan einer »Vereinigung der Reiter der Welt«. Welche Länder diesem deutsch geführten internationalen Fachverband beitreten durften, sollte allein von Hitler bestimmt werden, wie den Akten der Reichskanzlei zu entnehmen ist.

Fazit
Aus all diesen gescheiterten Plänen und Phantasieprojekten lässt sich der enorme Stellenwert erkennen, den der internationale Sport in der nationalsozialistischen Vorstellungswelt innehatte. Gemessen an den anti-internationalistischen Vorstellungen der NSDAP-Sportpolitik in den Jahren vor 1933 ist dies eine komplette Kehrtwende, die ohne die Olympischen Spiele 1936 kaum denkbar gewesen wäre. Zunächst als Konzessionsentscheidung zur Absicherung der Aufrüstung eher unwillig geduldet und gegen den Widerstand des völkisch-wehrorientierten Flügels in der NSDAP durchgesetzt, entwickelten die Olympischen Spiele – wie in jedem anderen Gastgeberland – eine Eigendynamik, der sich auch das NS-Regime nicht zu entziehen vermochte.
Die sportlichen Erfolge bei den Olympischen Spielen 1936 suggerierten vor allem der Jugend das Gefühl deutscher Stärke und Überlegenheit. Im Ensemble der politisch-propagandistischen Beeinflussungsstrategien sollte die Ausstrahlung des Massenphänomens Sport nicht unterschätzt werden. Dies schließt Rückwirkungen auf die Propagandisten nicht aus: Zum 50. Geburtstag des Reichssportführers gratulierte Hitler Hans von Tschammer und Osten mit folgenden Worten: »Für einen Politiker ist das Selbstvertrauen der Menschen, die er zu führen hat, von wesentlicher Bedeutung. (…) Wenn heute das deutsche Volk mit großem Vertrauen in seine Zukunft blickt, so ist das z. T. auch das Ergebnis des großen Siegeszuges des deutschen Sports. (…) Der Olympische Erfolg war wirklich ein Erfolg großen Stils und nicht zuletzt ein gewaltiger politischer Erfolg, den Sie mir verschafft haben.«[23]
Die mit der Teilnahme von fast 50 Nationen demonstrierte internationale Anerkennung des »Dritten Reiches« hatte Hitler zweifelsohne politisch gestärkt. In Anlehnung an sozialdarwinistische Vorstellung und militärische Doktrinen avancierte der Sport in den zwanziger und dreißiger Jahren in Europa (auch in den demokratischen Staaten) zum Symbol nationaler Vitalität und Leistungsfähigkeit. Die Rückwirkungen dieses Fehlglaubens auf Hitlers Hybris sind mehrfach belegt: Aus dem relativ schwachen Abschneiden der Engländer bei den Olympischen Spielen (nur vier Goldmedaillen gegenüber 33 deutschen) folgerte er, »dass man von

einer solchen Nation im Ernstfall kaum etwas erwarten könne«.[24] Noch in der Wolfschanze leitete er aus diesem deutsch-englischen Medaillenvergleich ein Versagen der englischen College-Ausbildung ab.[25] Entsprechend allergisch pflegten Goebbels und Hitler auf sportliche Niederlagen zu reagieren. Nach einer 1:5 Niederlage im Eishockey gegen eine tschechische Mannschaft im Januar 1940 soll Goebbels getobt haben: Es sei falsch, »sich mit Kolonialvölkern auf einem Gebiet zu messen, auf dem wir unterlegen sind«.[26] Der Abbruch aller deutsch-tschechischen Sportwettkämpfe war die Folge.

Der deutsche Sporterfolg bei den Olympischen Spielen 1936 provozierte somit ungewollte Spätwirkungen: Die Krise des Vereinssports 1937, die »Betreuung« des Sports durch die Partei 1938, die Instrumentalisierung als Mittel der Macht- und Herrschaftspolitik im Krieg sind bereits angesprochen worden. Die Stärkung des Machtwahns des Diktators war vermutlich die verhängnisvollste.

Zur weiterführenden Literatur von Hans Joachim Teichler siehe die Literaturhinweise, S. 158.

1 Bewährung, Dank und Ausblick, in: Reichssportblatt 3 (1936), S. 1706.
2 Kurt Ziegler, Der Student als Führer im Sport, Stuttgart 1934, S. 27.
3 Die Zusammenfassung der leistungssportlichen Neuorientierung der HJ, die von der älteren Sekundärliteratur völlig ausgeklammert wurde, stützt sich auf Hajo Bernett, Die Weltgeltung Deutschlands als Sportnation. Der Leistungssport der Hitler-Jugend, in: Spectrum der Sportwissenschaft 1996/1, S. 31–59.
4 Vgl. Volker Möws, Die körperliche Ertüchtigung in der Hitlerjugend von 1933 bis 1939, Diss. Rostock 1991, S. 114.
5 Interview Bernetts mit dem Stellvertreter des Amtes Leibesübungen in der HJ, Gert Abelbeck, am 20.8.1991. Vgl. Bernett (wie Anm. 3) S. 55.
6 Gauverordnungsblatt Schlesien, 27. 7.1937. Zit. nach Bernett (wie Anm. 3) S. 38.
7 Interview Bernetts mit Gert Abelbeck am 20. 8. 1991. Vgl. Bernett (wie Anm. 3).
8 NS-Sport 1941, Nr. 2, S. 2.
9 Bernett (wie Anm. 3), S. 49.
10 Deutschland-Berichte der Sozialdemokratischen Partei Deutschlands (Sopade) 1934–1940. Vierter Jahrgang 1937, Frankfurt am Main 1980, S. 843.
11 Vgl. Victor Klemperer, LTI, Leipzig 1968, 2. Aufl., S. 10f.

12 Vgl. Uwe Day, Silberpfeil und Hakenkreuz. Berlin 2005, S. 159ff.
13 Harald Oelrich, Sportgeltung – Weltgeltung. Sport im Spannungsfeld der deutsch-italienischen Außenpolitik von 1918 bis 1945, Münster 2003, S. 422.
14 Die Darstellung des Projektes Deutsches Stadion folgt den Aufsätzen von Hajo Bernett, Zur Grundsteinlegung vor 50 Jahren – Das Deutsche Stadion in Nürnberg – ein Phantom nationalsozialistischen Größenwahns, in: Sozial- und Zeitgeschichte des Sports 1 (1987) 3, S. 14–39 und Ders., Vor 50 Jahren. Albert Speers Deutsches Stadion war eine gigantische Fehlkonstruktion, In: Olympisches Feuer 1989, H. 1, S. 20–25.
15 Karl Arndt, Baustelle Reichsparteitagsgelände 1938/1939. Filmdokumente zur Zeitgeschichte G142/1973, Göttingen 1973, S. 24f.
16 Interview des Verf. mit Albert Speer am 24. 9. 1976. Als er Hitler auf diesen Umstand aufmerksam machte, soll von diesem die Antwort gekommen sein, dass nach den Olympischen Spielen 1940 in Tokio die Spiele stets von Deutschland ausgerichtet werden würden und die IOC-Vorgaben daher keine Rolle spielten.
17 Franz Metzner an Wilhelm Frick, Berlin. 25. 6. 1937. BA R 18/5620.
18 Franz Metzner sandte seine Denkschrift »Die Gefährdung des deutschen Sports« an Staatssekretär Hans Pfundtner, der im Innenministerium nicht nur die olympischen Bauvorhaben geleitet hatte, sondern auch als der eigentlich starke Mann im RMdI galt. BA R 18/5620.
19 Hajo Bernett, Guido von Mengden. »Generalstabschef« des deutschen Sports, Berlin 1976, S. 82, und Ders., (wie Anm. 3), S. 27.
20 Hans von Tschammer und Osten an Reichskanzlei, Berlin, 7. 6. 1940, BA Rk 43 II/731a.
21 Adolf Hühnlein an Joseph Goebbels, Berlin, 29. 11. 1940. PAdAA Ref. Partei, Sportwesen 2 Deutschland: Kraftfahrsport 2.
22 Hans von Tschammer und Osten an Joachim von Ribbentrop, Berlin, 13. 1. 1941, PAdAA, Ref. Partei, Sportwesen in Deutschland, Bd. 6.
23 Tschammer zitierte diese Aussage Hitlers wörtlich in seiner Rede auf der ersten Reichstagung des NSRL am 14. 1. 1939. BA R34/407. Vgl. auch den »Völkischen Beobachter« vom 27. 10. 1937, S. 2.
24 Hans-Adolf Jacobsen, Sportunterricht an der nationalsozialistischen Schule, Frankfurt am Main/Berlin, S. 352.
25 Henry Picker, Hitlers Tischgespräche im Führerhauptquartier 1941/1942, Stuttgart 1977, S. 275.
26 Vgl. Willy A. Boelcke, Kriegspropaganda 1939–1941. Geheime Ministerkonferenz im Reichspropagandaministerium. Stuttgart 1966, S. 276.

»Turnvater« Friedrich Ludwig Jahn, Lithografie von 1889. Solche »Wirtshausbilder« dienten zur Dekoration von Gaststätten, Festsälen oder Turnhallen. Oben links das Jahn'sche »Turnkreuz«, gebildet aus den vier Anfangsbuchstaben seines Wahlspruches »frisch, fromm, froh und frei«, rechts der Turnergruß »Gut Heil«.
Deutsches Historisches Museum, Berlin

SPORT, GESELLSCHAFT UND POLITIK

Die deutsche Turnbewegung

Friedrich Ludwig Jahn (1778–1852) – der »Turnvater« – gilt als Begründer der deutschen Turnbewegung. Die von ihm propagierten Leibesübungen waren von Anfang an mit politischen Ideen verknüpft. Turnen diente nicht allein der körperlichen Kräftigung, sondern auch der Charakterbildung. Aus Knaben und Männern sollten wehrhafte Patrioten werden. Politisches Ziel war die Befreiung von napoleonischer Fremdherrschaft und die Überwindung deutscher Kleinstaaterei.
In der ersten Hälfte des 19. Jahrhunderts bekam die Turnbewegung, aufgefächert in eine vielfältige Vereinskultur, eine wichtige Bedeutung inner-

Der 1811 von Friedrich Ludwig Jahn in der Berliner Hasenheide errichtete erste deutsche Turnplatz, Lithografie von 1817.
1819 wurde Jahn verhaftet und der Turnplatz geschlossen. Jahn war eines der ersten Opfer der so genannten Demagogenverfolgung und saß mehrere Jahre in Festungshaft.
Deutsches Historisches Museum, Berlin

halb der deutschen Nationalbewegung. Unterdrückt und zeitweilig mit Verboten belegt, beteiligten sich zahlreiche deutsche Turner an der Revolution von 1848.

In der Tradition Jahns verfestigte sich im 19. Jahrhundert ein soldatisches Ideal deutscher Männlichkeit: Der »echte« Mann verfügte über Kraft, Körperbeherrschung und Ausdauer. Er zeichnete sich durch Willensstärke, Kampfgeist und Opferbereitschaft aus. Diese Qualitäten sollten nun im schulischen Turnunterricht erlernt werden.

Werbeplakat eines Sportbekleidungsgeschäftes mit Tennisspieler, um 1910.
Das moderne Tennis mit Netz und Schläger stammt aus England. 1877 fand das erste Tennisturnier in Wimbledon statt. Auch in Deutschland galt der wegen der weißen Kleidung so genannte weiße Sport bis nach 1945 als elitäre Sportart.
Deutsches Historisches Museum, Berlin

Turnen und Sport

1868 schlossen sich die Turnvereine in der Deutschen Turnerschaft zusammen. Die zunehmend nationalistische Turnbewegung zählte nach der Reichsgründung 1871 zu den staats- und kaisertreuen Kräften. Es entstand ein enger Kontakt zwischen Turn- und Sportfunktionären sowie der Militärführung.
Unterdessen verschärfte sich der ideologische Streit zwischen den Anhängern des traditionellen Turnens und des aus England kommenden »Sportes«. Dieser war in viele Sportarten gegliedert und machte neue Ballspiele wie Fußball populär. Rekord- und Wettkampforientierung gehörten

Postkarte zum XII. Deutschen Turnfest in Leipzig, 1913.
Das Fest vom 12. bis zum 16. Juli mit 62 700 Teilnehmern stand im Zeichen des 100. Jahrestages der Völkerschlacht. Im Hintergrund des Plakates ist die Silhouette von Leipzig mit dem im Herbst 1913 eingeweihten Völkerschlachtdenkmal zu sehen.
Deutsches Historisches Museum, Berlin

ebenso zum Sport wie seine internationale Ausrichtung. Die deutschen Turner hingegen verstanden körperliche Ertüchtigung als patriotische Gemeinschaftserziehung. Im sportlichen Leistungsstreben sahen sie eine »undeutsche« Förderung von Egoismus und Individualismus. Doch wurden seit Mitte des 19. Jahrhunderts vor allem in den großen Städten Vereine für moderne Sportarten gegründet. 1914 zählten die bürgerlichen Sportorganisationen bereits rund 400 000 Mitglieder. Sie lagen damit jedoch deutlich hinter den 1,2 Millionen Turnern.

Schaubild zur Entwicklung des Frauenturnens, 1928.
Gezeigt wird auch die Veränderung der Turnbekleidung. Der weibliche Aktionsradius war schon allein durch die Kleidungsvorschriften stark eingeschränkt. Erst um 1914 setzte sich allmählich der knielange Hosenrock, das »Reformbeinkleid«, durch.
Staatsbibliothek zu Berlin – Preußischer Kulturbesitz/bpk

Mitgliedskarte des Deutschen Makkabikreises, 1934.
Der 1919 gebildeten Organisation gehörten 1933 insgesamt 25 jüdische Turn- und Sportvereine mit rund 8 000 Männern und Frauen an. Laut Satzung sollten die Mitglieder den Aufbau eines jüdischen Staates in Palästina unterstützen.
Deutsches Historisches Museum, Berlin

Neue Vereine und Strukturen

Nach der Aufhebung der Sozialistengesetze 1890 gründete die Arbeiterschaft – in scharfer Abgrenzung zur bürgerlichen Körperkultur – eigene Turn- und Sportvereine. Zu ihren mitgliederstärksten Verbänden entwickelten sich der »Arbeiter-Turn- und Sportbund« (1922: 840 000) und der »Arbeiter-Radfahrer-Bund ›Solidarität‹« (1926: 250 000).

In Reaktion auf den Antisemitismus formierte sich die jüdische Turn- und Sportbewegung. Zionistisch orientierte Vereine des Deutschen Makkabikreises und Sportgruppen im deutsch-nationalen Reichsbund jüdischer Frontsoldaten konnten jedoch nur einen kleinen Teil der jüdischen Sportler

Plakat zum 1. Internationalen Arbeiterolympia, 1925.
Das Sportfest vom 24. bis 28. Juli 1925 in Frankfurt am Main wurde vom Internationalen Arbeiterverband für Sport und Körperpflege organisiert. Es diente der kulturellen und politischen Selbstdarstellung der Arbeiterbewegung.
Deutsches Historisches Museum, Berlin

mobilisieren. 1933 wurden sie dann zur Zuflucht für die aus anderen Vereinen Ausgeschlossenen.
Für weibliche Mitglieder öffneten sich Turn- und Sportvereine gegen Ende des 19. Jahrhunderts. Allerdings galten bestimmte Turnübungen und Sportarten für Frauen als ungeeignet. Statt Kraft und Leistung sollten Anmut und Schönheit im Vordergrund stehen, wie sie etwa durch Gymnastik und Tanz zum Ausdruck kamen.

Plakat zu den »Deutschen Kampfspielen«, die vom 18. Juni bis 2. Juli 1922 in Berlin stattfanden.
Die »Kampfspiele« waren eine nationale Gegenveranstaltung zu den international geprägten Olympischen Spielen, von denen Deutschland überdies 1920 und 1924 ausgeschlossen blieb.
Deutsches Historisches Museum, Berlin

Sport in der Weimarer Republik

In der Weimarer Republik (1919–1933) verlor das traditionelle Turnen rasch an Bedeutung. Sport wurde zur Massenbewegung. Immer mehr Männer und Frauen aus allen Bevölkerungsschichten waren sportlich aktiv. Zugleich strömte das Publikum zu den immer häufiger stattfindenden Sportveranstaltungen. Rundfunk und Presse berichteten laufend über spektakuläre Wettkämpfe und sensationelle Rekorde. Sport als Medienereignis machte Sportler zu Stars.

Enorme Leistungssteigerungen und eine rasche Professionalisierung des Sportes waren die Folge. Die Trainingsmethoden wurden verbessert und

Handgranatenweitwurf im Rahmen des 1. SA-Sportfestes im Berliner Tiergarten, 18. Juni 1933.
Geworfen wurden Attrappen der im Ersten Weltkrieg gebräuchlichen Stielhandgranate. Die auf dem Foto sichtbaren Handgranaten sind nachträglich einmontiert.
Österreichische Nationalbibliothek, Wien

wissenschaftlich erforscht. Breiten- und Spitzensport entwickelten sich auseinander.

Ein durchtrainierter Körper wurde zum Leitbild und prägte modische Trends. Zugleich verband sich der Sport mit den Jugend- und Reformbewegungen. Militär- und Sportführer propagierten ihn als Ertüchtigung für den Wehrdienst. Zahlreiche paramilitärische Verbände, wie die SA zumeist erklärte Gegner der Weimarer Demokratie, betrieben organisierten »Wehrsport«.

Diskriminierung jüdischer Sportler in Stuttgart, 1935.
Die Ausgrenzung jüdischer Sportler wurde nach 1933 zur alltäglichen Praxis. Auf dem abgebildeten Schild werden Teilnehmer eines nationalsozialistischen »Kraft durch Freude«-Sportkurses über die Verlegung ihrer Übungen informiert. Die Begründung lautete, dass der ursprünglich vorgesehene Platz auch von Juden genutzt würde.
Bildarchiv Preußischer Kulturbesitz, Berlin/Alfons Illenberger

»Gleichschaltung« des Sportes

Der Machtantritt der Nationalsozialisten beendete die Vielfalt der Turn- und Sportkultur in Deutschland. 1933 wurden alle Arbeiter-Turn- und Sportverbände verboten. Die bürgerlichen Organisationen setzten ihrer »Gleichschaltung« keinen Widerstand entgegen.

Der Vereinssport war nun der Schaffung eines gesunden »Volkskörpers« und der vormilitärischen Ausbildung verpflichtet. Unter der Parole »Politische Leibeserziehung« erhielt der Sport im Schulunterricht, insbesondere in den neuen NS-Eliteschulen und in der Hitler-Jugend eine vorrangige Stellung. Er diente den Erziehungszielen des Nationalsozialismus – Wehr-

Adolf Hitler bei der Übergabe der Statue des Diskuswerfers von Myron, 1938.
Leni Riefenstahl hatte die antike Skulptur in ihrem »Olympia«-Film zur Kultfigur erhoben. Sie wurde 1938 in Italien für eine Million Mark erworben und zum »Tag der Deutschen Kunst« am 9. Juli 1938 von Hitler der Münchner Glyptothek übereignet.
Bayerische Staatsbibliothek München/Heinrich Hoffmann

ertüchtigung und Hingabe an den Staat, Rassenbewusstsein und bedingungslose Gefolgschaft.
Beim Spitzensport stand die Verherrlichung von Leistung, Kampf und körperlicher Schönheit im Mittelpunkt. Die Nationalsozialisten sahen sich als legitime Erben des antiken Körperideals und deuteten es rassistisch um: Der perfekte Körper konnte nur von »arischer« Rasse sein. Auch die Kunst, insbesondere die Plastik, hatte für seine Darstellung und Verbreitung zu sorgen.

Die IOC-Präsidenten eines halben Jahrhunderts (v. l.):
Graf Henri de Baillet-Latour (1925–1942), Avery Brundage (1952–1972) und Sigfrid Edström (1942/46–1952), USA, März 1936.
IOC/Olympic Museum Collections, Lausanne

DIE OLYMPISCHEN SPIELE 1936

Berlin und die olympische Bewegung

Die Olympischen Spiele der Neuzeit gehen auf die Initiative Pierre de Coubertins und sein Ideal des friedlichen Wettstreits der Athleten zurück. Deutsche Erfolge in Athen 1896 und der Selbstdarstellungswunsch des Kaiserhauses führten zur Bewerbung Berlins als Austragungsort. Zur Olympia-Lobby gehörten die späteren Organisatoren der Spiele in Berlin 1936, Theodor Lewald und Carl Diem. Aber der Erste Weltkrieg verhinderte die für 1916 geplanten Spiele.

Nach dem Krieg waren deutsche Sportler erst wieder 1928 als Teilnehmer zu den Olympischen Spielen zugelassen. Der Ausschluss von den ersten beiden Nachkriegsspielen wurde mit der Kriegsschuld des Deutschen Reiches begründet. 1931 entschied sich das Internationale Olympische Komitee (IOC) erneut für Berlin als Austragungsort, war aber besorgt, dass eine mögliche nationalsozialistische Regierung die Veranstaltung ablehnen könnte. Hitler sagte jedoch im März 1933 zu, da er die Chance zur Selbstdarstellung des NS-Staates sah. Insbesondere die USA als größte Sportnation machten ihre Teilnahme davon abhängig, dass jüdische Sportler in Deutschland nicht diskriminiert würden.

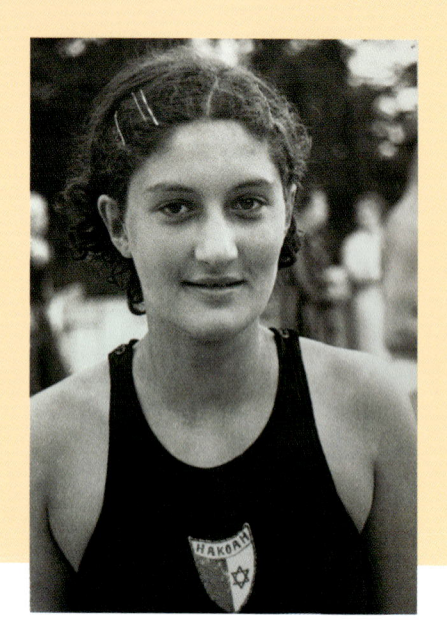

Die 15-jährige Ruth Langer (1921–1999), österreichische Meisterin über 100 und 400 Meter Freistil, 1936.
Wie Langer weigerten sich auch Judith Deutsch und Lucie Goldner, in Berlin anzutreten. Ihr Schwimmverband sperrte sie auf Lebenszeit und erkannte ihnen alle Titel und Rekorde ab. Die Strafe wurde erst 1995 aufgehoben.
Österreichisches Institut für Zeitgeschichte – Bildarchiv, Wien

Proteste und die Boykott-Diskussion

Ein Absage der Spiele wegen der nationalsozialistischen Politik lehnte das IOC ab. Es forderte aber von Deutschland gleiche Chancen für jüdische Athleten. Für sie fanden zwar »Olympiakurse« statt, ihre Meldung für die Spiele war jedoch nicht geplant. Dies betraf selbst Gretel Bergmann, die im Juni 1936 den deutschen Hochsprungrekord brach. Aus taktischen Gründen berief der Reichssportführer Hans von Tschammer und Osten die »halbjüdischen« Sportler Helene Mayer und Rudi Ball in das deutsche Team.
Erst Ende 1935 stand die Teilnahme der USA fest, als der Boykott-Gegner Avery Brundage Präsident des US-Leichtathletikverbandes wurde. Im

Titelblatt der Zeitschrift des niederländischen »Künstlerbundes zum Schutz kultureller Rechte«, August 1936.
Der »bkvk« und andere Künstlerverbände organisierten die Ausstellung »D-O-O-D« (Tod), »de olympiade onder dictatuur« als eine Art antifaschistische Kunst-Olympiade.
Gemeentearchief, Amsterdam

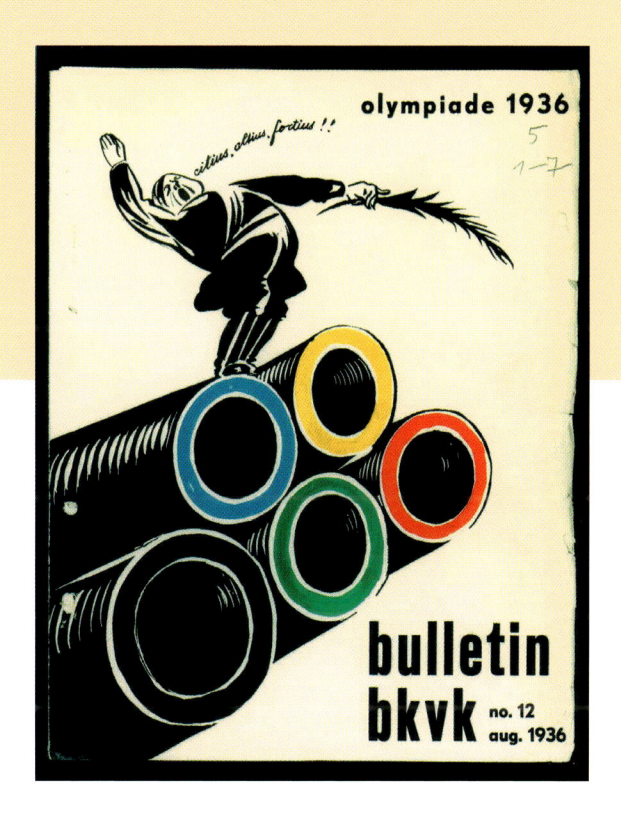

IOC trat Brundage 1936 an die Stelle des Boykott-Befürworters Ernest Lee Jahncke.
In vielen Ländern gab es Protestveranstaltungen. Flugschriften und »Reiseführer«, die über Terror und Konzentrationslager informierten, wurden an ausländische Teilnehmer und Besucher der Spiele verteilt oder verschickt. Nur wenige Sportler verweigerten aus Gewissensgründen die Teilnahme an den Spielen.

Werbeplakat der Reichsbahnzentrale für den Deutschen Reiseverkehr, Januar 1936.
Weil das Plakat das Sudetenland als Teil des Deutschen Reiches zeigte, gab es Proteste und ein Verbot durch die tschechoslowakische Regierung. Das Plakat wurde ausgetauscht.
Deutsches Historisches Museum, Berlin

Vorbereitung, Werbung, Propaganda

Ende 1934 wurden die deutschen Olympiakandidaten auf den »neuen Staat« eingeschworen. Von ca. 4 000 Anwärtern wurden 426 (darunter 45 Frauen) für Berlin gemeldet.

Seit Anfang 1934 warb man weltweit für die Spiele, u. a. mit einer Zeitschrift, mit Plakaten, Werbefilmen und einem Pressedienst. In Deutschland stützte sich die Kampagne »Olympia, eine nationale Aufgabe« auf den Einsatz von Film, Funk und Presse. Es gab Werbeflüge, den »Olympia-

Jakob »Jonny« Bamberger (Boxer im Fliegengewicht), um 1933.
Bamberger, deutscher Vizemeister von 1938 und 1939, durfte als Sinto nicht an den Olympischen Spielen teilnehmen. Er kam 1941 in das KZ Flossenbürg und 1943 nach Dachau, wo er durch medizinische Versuche schwere Gesundheitsschäden erlitt.
Dokumentations- und Kulturzentrum Deutscher Sinti und Roma, Heidelberg

Zug« mit einer Ausstellung und einem Kino. Auch der Weg der Olympia-Glocke von Bochum nach Berlin wurde wirkungsvoll inszeniert.
1936 fand auf Anregung des Berliner Organisationskomitees erstmals der Fackelstaffellauf statt. Ab dem 20. Juli trugen über 3 000 Läufer das olympische Feuer von Olympia nach Berlin. Der Lauf fand weltweit große Zustimmung. Er war von Demonstrationen für oder gegen die Nationalsozialisten begleitet.

Das Stadion als Flammenmeer beim Schlussakt von Carl Diems Festspiel »Olympische Jugend«, aufgeführt während der Eröffnungsfeier, 1. August 1936. Das Stück gipfelte in der Lobpreisung des Todes für das Vaterland. Dazu läutete die Olympia-Glocke zum Gefallenengedenken.
Bundesarchiv, Koblenz/B145 Bild-P017239

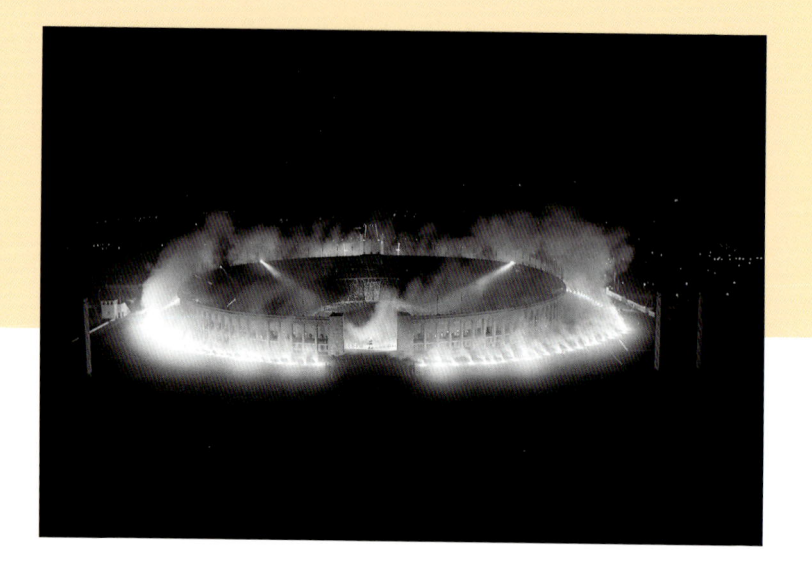

»Gesamtkunstwerk« olympisches Fest

Die Spiele wurden mit größtem Aufwand inszeniert. Der Eröffnungstag begann mit dem »Großen Wecken« durch die Wehrmacht auf der Straße Unter den Linden und endete im Stadion mit einem Lob des Heldentodes in Carl Diems Festspiel »Olympische Jugend«. Hakenkreuzfahnen und militärisches Zeremoniell dominierten, aber das Regime bemühte sich um ein weltoffenes Erscheinungsbild.
Exakt um 17.03 Uhr eröffnete Hitler die Spiele. Nach der Entzündung des olympischen Feuers ließ man Brieftauben – vor allem aus Armeebestän-

Blick vom Brandenburger Tor auf die Feststraße (»Via triumphalis«) Unter den Linden am Sonntag vor der Eröffnung der Spiele, 26. Juli 1936.
Bayerische Staatsbibliothek München/Heinrich Hoffmann

den – als Symbol der »Friedensspiele« aufsteigen. Richard Strauss dirigierte seine »Olympische Hymne«, die er Hitler widmete.
Zum umfangreichen Kulturprogramm u. a. im Stadion und in der »Dietrich-Eckart-Bühne« (heute: Waldbühne) gehörte auch der aufgewertete Kunstwettbewerb, der schon seit 1912 (bis 1948) Bestandteil der Spiele war. Daneben gab es Empfänge und große Feste. Zur Abschlussfeier überwölbte der bei Reichsparteitagen bereits erprobte, von Flakscheinwerfern geschaffene Lichtdom das Stadion.

Berliner Sinti-Familie, die 1936 in das Lager Marzahn gebracht wurde, ca. 1931.
Von zwölf Familienmitgliedern überlebte nur ein Sohn (2. v. l.) die Deportation und den Völkermord.
Familie Rosenberg

Fassade und Realität

Das nationalsozialistische Regime präsentierte während der Olympischen Spiele 1936 ein gastfreundliches und friedliebendes Deutschland. Politische und rassistische Verfolgungen wurden kaschiert, antisemitische Schilder entfernt. Spuren vereinzelter Proteste wurden sofort beseitigt und systemkritische Äußerungen gegenüber Ausländern streng verfolgt. Noch im Juli 1936 begann der Bau des KZ Sachsenhausen bei Berlin. Die Berliner Sinti und Roma wurden vor Beginn der Spiele im »Zigeunerlager« Marzahn ghettoisiert, von wo sie 1943 nach Auschwitz deportiert wurden.

Schild bei Mittenwalde südlich von Berlin, das vor den Spielen nicht entfernt wurde, Sommer 1936.
Während der Spiele gab es auch antisemitische Vorfälle in Lokalen in Berlin und Potsdam.
Monica und Walter Heilig (Hg.), Eugen Heilig. Arbeiterfotograf 1911–1936, Edition Hentrich, Berlin 1995

Zeitgleich zu den Vorbereitungen auf das Sportereignis rüstete der NS-Staat zum Krieg. Als der Fackellauf startete, beschloss Hitler, den Putsch des Generals Franco in Spanien mit der »Legion Condor« zu unterstützen. Diese Flugstaffel wurde am 31. Juli unweit des Olympischen Dorfes verabschiedet. Im August forderte Hitler in einer geheimen Denkschrift zum Vierjahresplan, Wirtschaft und Armee müssten binnen vier Jahren kriegsbereit sein. Im selben Monat wurde die Dienstpflicht in der Wehrmacht auf zwei Jahre verlängert.

Torszene beim Hockey-Finale, das Indien gegen Deutschland 8:1 gewann, 15. August 1936.
Indien siegte 1928 bis 1956 in allen 30 olympischen Hockeyspielen mit insgesamt 197:8 Toren.
Deutsches Historisches Museum, Berlin/Sammlung Schirner

Sportliche Entscheidungen

In 129 Wettbewerben starteten nach IOC-Statistik 3956 Sportler, darunter 328 Frauen in 15 Konkurrenzen. In der Leichtathletik beeindruckten die US-amerikanischen Männer mit zwölf von 23 und die deutschen Frauen mit zwei von sechs möglichen Siegen. Im Schwimmen der Männer gewannen fast durchweg die USA und Japan. Beim Schwimmen und Turmspringen der Frauen traten die US-Amerikanerinnen Dorothy Poynton-Hill und Marjorie Gestring – mit 13 Jahren und neun Monaten bis heute die jüngste Olympiasiegerin – als Medienstars hervor.

Siegerehrung im 800-Meter-Lauf, v.l.: Philip Edwards (Kanada, Bronze), John Woodruff (USA, Gold), Mario Lanzi (Italien, Silber), 4. August 1936. Edwards und Lanzi zeigen den Olympischen Gruß, der vor allem 1924 und 1928 üblich war.
SV-Bilderdienst München/Scherl

22 der 33 deutschen Siege errangen die Ruderer, Reiter, Schwerathleten sowie die Turner Konrad Frey und Alfred Schwarzmann mit je dreimal Gold. Als Held galt Oberleutnant Konrad Freiherr von Wangenheim aus dem deutschen Military-Team. Nach einem Sturz beendete er den Geländeritt mit gebrochenem Schlüsselbein und »rettete« so die Goldmedaille.
Trotz einiger Fehlentscheidungen und Skandale, vor allem beim Fußballturnier, verliefen die Spiele insgesamt sportlich-fair. Das Propagandaministerium wies die deutsche Presse an, ausgewogen zu berichten.

Jesse Owens, 1936. Owens war als vierfacher Goldmedaillengewinner der große Star der Olympischen Spiele. *Deutsches Historisches Museum, Berlin*

Rekorde und Stars

Den Zeitgenossen galten die Spiele von Berlin als »Olympia der Rekorde«. In 41 Wettbewerben gab es 49 olympische und 15 Weltrekorde. In der inoffiziellen Nationenwertung belegte Deutschland mit 89 der 388 Medaillen den ersten Platz vor den USA.

Im 1500-Meter-Lauf siegte John Lovelock (Neuseeland) (3:47,8 Min.) nach einem fulminanten Endspurt. Er und der Zweitplatzierte Glenn Cunningham (USA) unterboten den alten Weltrekord. Die olympischen Rekorde von Jesse Owens (USA) im Weitsprung (8,06 m) und von Hendrika Mastenbroek (Niederlande) über 100 Meter Freistil (1:05,9 Min.) hatten bis 1960

Beginn der letzten Runde im Finale des 1500-Meter-Laufes, 6. August 1936.
V. l.: Eric Ny (Schweden), der spätere Sieger John Lovelock (Neuseeland), der Zweite Glenn Cunningham (USA) und der Titelverteidiger und Dritte Luigi Beccali (Italien).
Deutsches Historisches Museum, Berlin

bzw. 1956 Bestand. Die Rekorde der 4 × 100-Meter-Männerstaffel (USA, 39,8 Sek.) und der deutschen 4 × 100-Meter-Frauenstaffel (46,4 Sek.) – aufgestellt im Zwischenlauf – galten bis 1956 bzw. 1952. Und der Norweger Willy Røgeberg war mit 10 Punkten bei allen 30 Schüssen im Kleinkaliber auf 50 Meter nicht zu übertreffen.

Am erfolgreichsten waren Jesse Owens mit vier und Hendrika Mastenbroek mit drei Goldmedaillen. Als »schnellster Mann der Welt« gewann Owens beim deutschen Publikum große Sympathie.

Fotografen mit den Turmspringerinnen (v. l.) Käte Köhler (Deutschland, Bronze), Velma Dunn (USA, Silber) und Dorothy Poynton-Hill (USA, Gold), 13. August 1936.
IOC/Olympic Museum Collections, Lausanne

Die »Medienspiele«

1936 wurden die Spiele erstmals weltweit im Radio – in Berlin auch im Fernsehen – übertragen. Neben dem Deutschen Rundfunk berichteten über 120 Reporter für 41 Sender und ca. 1 800 Journalisten aus 59 Ländern. Ihre Arbeit koordinierte ein maßgeblich vom Propagandaministerium besetzter Presseausschuss.

Die 125 zugelassenen Fotografen waren – bis auf Lothar Rübelt – Deutsche und Mitglied im Reichsverband der Deutschen Presse. Die Bildpressestelle bot ihre fast 16 000 Fotos den Journalisten zur Auswahl an. In 25

Leni Riefenstahl demonstriert dem Hochsprungsieger Cornelius Johnson den militärischen Gruß für die Siegerehrung, Olympisches Dorf, Döberitz, August 1936.
Filmmuseum Berlin – Stiftung Deutsche Kinemathek

öffentlichen »Fernsehstuben« und auf drei Großbild-Projektionen verfolgten über 160 000 Zuschauer begeistert die Spiele.
Leni Riefenstahls zweiteiliger Olympia-Film »Fest der Völker« und »Fest der Schönheit« prägte das Bild der Spiele für die Nachwelt. Er ist bis heute einer der gefeiertsten und umstrittensten Filme. Die technisch perfekte Arbeit gilt als früher Höhepunkt des teils inszenierten Dokumentarfilms, aufgrund des dargestellten Menschenbildes und der Bildsymbolik aber auch als Manifest nationalsozialistischer Ideologie und Ästhetik.

Karl Ritter von Halt (r.) bei der Niederlegung von Hitlers Kranz auf den Sarg des IOC-Präsidenten Baillet-Latour im besetzten Brüssel, 10. Januar 1942.
Ritter von Halt, Organisator der Winterspiele von 1936, gehörte zum »Freundeskreis Heinrich Himmler«. Er war bis Kriegsende und von 1957 bis 1963 Mitglied der IOC-Exekutive.
Deutsches Sport & Olympia Museum, Köln, Nachlass Karl Ritter von Halt

»Olympischer Geist« und Politik

Der Begründer der olympischen Bewegung, Pierre de Coubertin (1863–1937), sah die Spiele 1936 als Krönung seines Lebens an. Er unterstützte die Gründung eines Internationalen Olympischen Institutes in Berlin, das dann Carl Diem bis 1944 leitete.

Das IOC ersetzte 1938 den Organisator der Spiele von Berlin, Theodor Lewald, der als »Halbjude« galt, durch den so genannten Sportgeneral Walter von Reichenau und verlieh der NS-Organisation »Kraft durch Freude« den Olympischen Pokal.

Im Juni 1939 vergab das IOC die Winterspiele 1940 erneut an Garmisch-Partenkirchen, Austragungsort von 1936. Denn Japan, wo die Spiele geplant waren, führte bereits Krieg, und der Ausweichort St. Moritz erfüllte nicht die IOC-Regeln. Hitler sagte die Spiele erst Ende Oktober 1939 ab. Im Zweiten Weltkrieg waren Sport und NS-Politik besonders eng verflochten. 1940 etwa schrieb Carl Diem den »Siegeslauf in ein besseres Europa« vor allem der Sportbegeisterung deutscher Militärs zu.

Gewichtheber Rudolf Ismayr (1908–1998) (1932 Gold, 1936 Silber) als Soldat in der Sowjetunion, 19. Dezember 1941.
Ismayr sprach 1936 den Olympischen Eid. Ab 1937 in der NSDAP, war er aber nach 1945 in der linken Deutschen Friedensunion aktiv, was ihn von der Tradition der deutschen Olympiateilnehmer von 1936 abhob.
ullstein bild, Berlin

Schicksale von Olympiateilnehmern

Zahlreiche Sportler von 1936 fielen im Krieg, unter ihnen der Weitspringer Luz Long und der Läufer Rudolf Harbig. Zu den Opfern des Völkermordes an den europäischen Juden gehörten auch Alfred Flatow und Gustav Felix Flatow, die fünffachen deutschen Olympiasieger von 1896, sowie zahlreiche Athleten aus Polen, Ungarn und den Niederlanden.

Auch Sportler mussten sich für oder gegen den Nationalsozialismus entscheiden. In den Niederlanden arbeitete der Sprinter Tinus Osendarp für die deutsche Sicherheitspolizei. In Norwegen kamen Birger Ruud und andere Skisportler in ein KZ. Im Kampf gegen die deutschen Besatzer

Empfangsschein über je ein Ei und einen Apfel pro Woche für Gustav Felix Flatow (1875–1945), KZ Theresienstadt, 21. Dezember 1944.
Flatow starb am 29. Januar 1945 im KZ. Dort kamen auch drei seiner Geschwister und sein Cousin Alfred Flatow um.
Bildarchiv Preußischer Kulturbesitz, Berlin

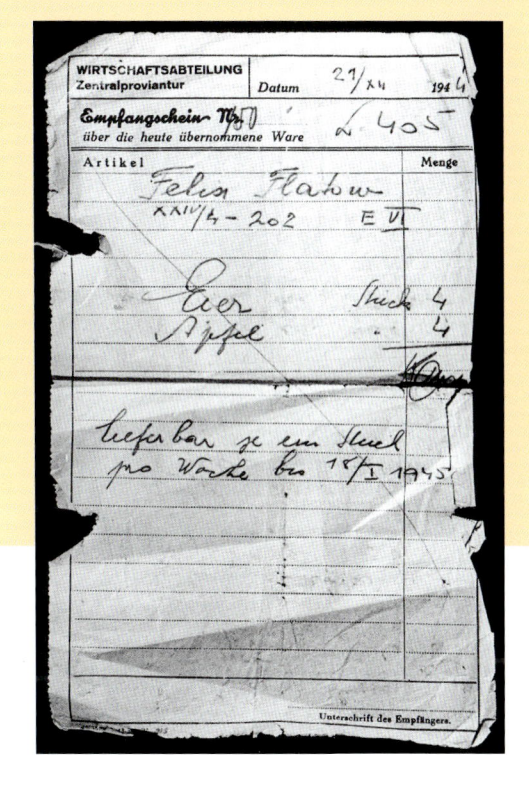

starben 46 polnische Olympiateilnehmer. Der Ringer Werner Seelenbinder wurde 1944 im Zuchthaus Brandenburg hingerichtet.
Die meisten deutschen Aktiven von 1936 hatten dem nationalsozialistischen System zugestimmt, blieben aber als vermeintlich unpolitische Idole auch später populär. Die Neubewertung der Spiele in der Sportgeschichte fand erst in jüngster Zeit Beachtung in der Öffentlichkeit.
Symbolfiguren von Olympia 1936 wurden Rudolf Harbig in der Bundesrepublik und Werner Seelenbinder in der DDR.

Das Maifeld, Blick über das Aufmarschgelände auf die Haupttribüne mit Glockenturm, Bildpostkarte von 1936.
Im Bereich des Marathontores sind Joseph Wackerles »Rosseführer« zu sehen. Die Figurengruppen stehen für das nationalsozialistische »Führer-Prinzip« und die Macht des Menschen über die Natur.
Zentrum für Berlin-Studien, Postkartensammlung

BAUGESCHICHTE DES GELÄNDES

Olympiastadion und Reichssportfeld

Anlässlich der Olympischen Spiele 1936 entstand das Reichssportfeld als eine weiträumige Anlage, die jeden bis dahin im Sport- und Veranstaltungsbau bekannten Größenmaßstab sprengte. Die Wettkampfstätten waren architektonisch vor allem auf emotionale Überwältigung angelegt.

Das Olympiastadion stellt baulich den Mittelpunkt der Anlage dar, die unter Einbeziehung bereits vorhandener Bauten in nur 27 Monaten realisiert wurde. Angelegt als ein offenes Oval, beherrscht das Stadion das mehr als 130 Hektar umfassende Gelände. Im Schnittpunkt der bestim-

Das Reichssportfeld, Blick über den Olympischen Platz auf das Stadion und das Maifeld mit dem Glockenturm, Juli 1936.
Landesarchiv Berlin, Fotosammlung

menden Raumachsen gelegen, bot die Arena Platz für 100 000 Zuschauer. Ihre zum Teil versenkte Baufigur wird von zwei Rängen geprägt. Nach Westen öffnet sich das Stadion durch das Marathontor zu Maifeld und Glockenturm.

Beim »Gesamtkunstwerk Reichssportfeld« bildeten Monumentalplastiken einen wesentlichen Bestandteil des Bauprogramms. Sie hatten im Besonderen die militärische Seite des Sportes wie Kampf, Zucht, Mut, Opferbereitschaft und Heroentum zu veranschaulichen.

Das Rennbahngelände und das Deutsche Stadion während einer Veranstaltung, 1919.
Bildarchiv Preußischer Kulturbesitz, Berlin

Rennbahn Grunewald und Deutsches Stadion

Die Vorgeschichte des Reichssportfeldes reicht in das frühe 20. Jahrhundert zurück. Bereits 1906 erwarb der Berliner Rennverein im Grunewald ein 70 Hektar großes Gelände für eine Pferderennbahn. Mit der Planung beauftragte er den Architekten Otto March (1845–1913).

Am 23. Mai 1909 konnte die Rennbahn Grunewald eröffnet werden. Bestandteil der Planung war ein Stadion, mit dessen Realisierung jedoch erst drei Jahre später begonnen wurde. Den Anlass gab die für das Jahr 1916 in Berlin geplante Austragung der VI. Olympischen Spiele. Nach nur zwölf

Einweihung des Deutschen Stadions, 8. Juni 1913.
Anlässlich der »Stadionweihe« marschierten die Mitglieder der verschiedenen Sportverbände in die fertiggestellte Arena ein.
Landesarchiv Berlin, Fotosammlung

Monaten Bauzeit wurde das mit mehr als 30 000 Plätzen damals »größte Stadion der Welt« am 8. Juni 1913 feierlich eingeweiht.
Obwohl die Olympischen Spiele kriegsbedingt ausfielen, avancierte das Deutsche Stadion in kürzester Zeit zur nationalen Bühne von Massenveranstaltungen. In seiner 20 Jahre währenden Geschichte bis 1934 diente es neben Sportwettkämpfen vor allem militärischen Vorführungen sowie politischen Demonstrationen.

Grundsteinlegung zum Deutschen Sportforum im Beisein von Reichspräsident Paul von Hindenburg, 18. Oktober 1925.
Im Namen der weiblichen Sportstudenten führte Maria Ziegler die traditionellen Hammerschläge aus.
Carl und Liselott Diem-Archiv, Köln

Deutsches Sportforum

1920 wurde die Deutsche Hochschule für Leibesübungen gegründet und das Deutsche Stadion zu ihrem vorläufigen Sitz bestimmt. 1925 bot sich die Möglichkeit, ein nördlich des Stadions gelegenes Areal zu pachten, um darauf für die Hochschule einen Baukomplex zu errichten. Aus dem Wettbewerb ging der Entwurf von Werner und Walter March als Sieger hervor. Nach grundlegender Überarbeitung wurde schließlich Werner March die Ausführung der nun als »Deutsches Sportforum« bezeichneten Anlage übertragen.

Das Deutsche Sportforum nach seiner endgültigen Fertigstellung zu den XI. Olympischen Spielen, 1936.
Das Reichssportfeld, hrsg. vom Reichsministerium des Innern, Berlin 1936.

Baubeginn war der 25. August 1926. Bereits Anfang 1927 musste das Bauprogramm aus Finanzierungsgründen reduziert werden. Bis zur endgültigen Einstellung der Arbeiten im Jahre 1929 konnten deshalb nur ein Teil des Turnhauses, das Sommerschwimmbecken, das Annaheim, der Tennispavillon und die nördlichen Ausgänge der geplanten unterirdischen Stadionverbindung realisiert werden.
Die weiteren Bauteile des Deutschen Sportforums wurden erst 1934 bis 1936 anlässlich der XI. Olympischen Spiele ausgeführt.

Modellaufnahme des Deutschen Stadions, 1933.
Dem Modell lag der von Werner und Walter March
überarbeitete Umbauentwurf zugrunde.
Zentralblatt der Bauverwaltung, 53. Jg., 1933

Umbauplanungen Deutsches Stadion

1930 bewarb sich Berlin um die Austragung der XI. Olympischen Sommerspiele von 1936. Im Mai 1931 erhielt es vom Internationalen Olympischen Komitee den Zuschlag.
Werner March wurde mit der Umgestaltung des Deutschen Stadions beauftragt. Ein Neubau schied angesichts der Wirtschaftskrise aus. March plante den Umbau auf der Grundlage von Vorstudien, die bis auf das Jahr 1927 zurückgingen. Setzte er bei seinen frühen Entwürfen auf die Heraus-

Werner March (links) und Carl Diem betrachten das Modell des
neu konzipierten Schwimmstadions, 1933.
»Die Woche«, Sondernummer »Olympia 1936«

nahme der Radrennbahn und eine Vertiefung des Stadions, so sahen die
Konzepte ab 1931 vor allem die Verlegung des Schwimmbeckens an die
östliche Stadionkurve zugunsten zusätzlicher Tribünenränge vor. Diese
Planung erhielt am 15. Juli 1933 die Zustimmung der Gremien. Sie war
verbunden mit dem Auftrag, den Umbau des Stadions mit der baulichen
Vollendung des Deutschen Sportforums zu verknüpfen.

Der Abbruch des Deutschen Stadions, 1934.
Die Aufnahme zeigt die Sprengung der nördlichen Tribünenbauten mit der ehemaligen Kaiserloge.
Das Reichssportfeld, hrsg. vom Reichsministerium des Innern, Berlin 1936

Das Olympiastadion

Die bis weit in das Jahr 1933 verfolgten Planungen für einen Um- und Ausbau des Deutschen Stadions für die Olympischen Spiele 1936 erhielten am 5. Oktober durch die Intervention Hitlers ihre entscheidende Wende. Anlässlich der Vorstellung des Umbauentwurfes ordnete er den Neubau eines Großstadions inmitten einer weiträumigen Anlage an. Sie sollte neben weiteren Sport- und Kampfstätten auch Aufmarschplätze enthalten. Hitler bestimmte das Deutsche Reich zum Bauherrn des fortan »Reichssportfeld« genannten Projektes.

Modellansicht des neuen Olympia- und des Schwimmstadions, 1935.
Die Modellansicht zeigt den Planungsstand vor der letzten abschließenden Überarbeitung durch Werner March.
Carl und Liselott Diem-Archiv, Köln

Das Olympiastadion, 1936.
Das Olympische Tor wird flankiert vom »Bayernturm« und vom »Preußenturm«. Neben Letzterem ist die so genannte Podbielski-Eiche zu sehen, die an Viktor von Podbielski, den Vorsitzenden im Deutschen Reichsausschuss für die Olympischen Spiele von 1916 erinnern soll.
Landesarchiv Berlin, Fotosammlung

Bereits am 14. Dezember 1933 wurde der städtebauliche Entwurf von Werner und Walter March durch Hitler genehmigt. Die architektonischen Einzelplanungen für die Bauten des Reichssportfeldes erstreckten sich bis in das Jahr 1936. Sehr klar kommen in deren baulicher Gestaltung die politischen Intentionen des NS-Staates und die Propagandaabsichten im Zusammenhang mit den Olympischen Spielen zum Ausdruck.

Das Reichssportfeld, 1947.
Das Olympiastadion zeigte äußerlich kaum Kriegsschäden.
Vor der Langemarckhalle (Bildmitte unten) sind die Reste des
kurz zuvor gesprengten Glockenturmes zu sehen.
Landesarchiv Berlin, Fotosammlung

Das Reichssportfeld nach 1945

Bei Kriegsende waren die Schäden auf dem Reichssportfeld überschaubar. So wies das Olympiastadion nur leichte Beschädigungen seiner Werksteinverkleidung auf. Lediglich im Bereich des Deutschen Sportforums gab es bauliche Zerstörungen. Einen gravierenden Eingriff in den Baubestand stellte darüber hinaus die im Februar 1947 erfolgte Sprengung des einsturzgefährdeten Glockenturmes dar. Sie führte zu einer erheblichen Beschädigung der Langemarckhalle.
Die systematische Wiederherstellung der einzelnen Anlagen setzte 1949 ein und war zu Beginn der sechziger Jahre mit dem Wiederaufbau des

Das Olympiastadion mit den Flutlichtmasten und
der neuen Teilüberdachung, Juni 1973.
Die Ausbau- und Umbaumaßnahmen erfolgten anlässlich
der Fußballweltmeisterschaft 1974.
Landesarchiv Berlin, Fotosammlung / Klaus Lehnartz

Glockenturmes sowie der Langemarckhalle abgeschlossen. Mitte der sechziger Jahre begann dann eine neue Phase des Um- und Ausbaues, die sich vor allem auf das Olympiastadion konzentrierte. So etwa wurden 1966 vier Flutlichtmasten aufgestellt und anlässlich der Fußballweltmeisterschaft 1974 zwei Tribünendächer installiert. Das Stadion selbst erfuhr keine durchgreifende bauliche Ertüchtigung, so dass die Bausubstanz am Ende des Jahrhunderts einer dringenden Instandsetzung bedurfte.

Grundrissebene 0 der Ausführungsplanung für das Stadion von gmp'p Planungsgemeinschaft Olympiastadion Berlin, Mai 2000.
gmp – Architekten von Gerkan, Marg und Partner

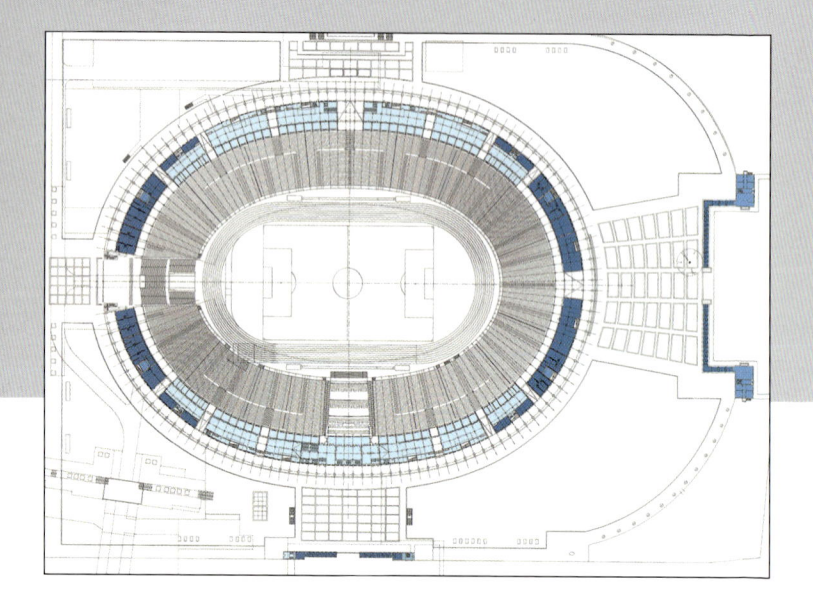

Der Stadionumbau seit 1998

Seit Anfang der neunziger Jahre wurde das Olympiastadion vor dem Hintergrund der Wiedervereinigung zum Gegenstand unterschiedlichster Zukunftsplanungen. Sie reichten von der Herrichtung zum Austragungsort Olympischer Spiele bis zum Umbau zu einem reinen Fußballstadion.
Erst 1998 wurde in einem Wettbewerbsverfahren empfohlen, den Vorschlag des Architekturbüros von Gerkan, Marg und Partner (gmp) für die überfällige Sanierung, Instandsetzung und Modernisierung zu realisieren.

Computersimulationen des Stadions, 2001.
Die Computersimulationen dokumentieren die zur Realisierung bestimmte Ausführungsplanung.
gmp – Architekten von Gerkan, Marg und Partner

Nachdem Deutschland den Zuschlag zur Ausrichtung der Fußballweltmeisterschaft 2006 erhalten hatte, erfolgte zwischen 2000 und 2004 die Umsetzung dieser Pläne.
Der inzwischen vollzogene Umbau erwies sich als eine herausragende architektonische Lösung, die sich offen der Geschichte stellt und die Ansprüche an eine »Arena des 21. Jahrhunderts« mit denen des schwierigen »Denkmals« Reichssportfeld in Einklang bringt.

Albert Speers »Lichtdom« im Berliner Olympiastadion anlässlich des Staatsbesuches von Mussolini, 28. September 1937.
Das Foto stammt von Hitlers »Leibfotograf« Heinrich Hoffmann. Der durch Flakscheinwerfer erzeugte »Lichtdom« war beim Nürnberger Reichsparteitag 1934 erstmals eingesetzt worden.
Bayerische Staatsbibliothek München/Heinrich Hoffmann

NUTZUNG DES GELÄNDES

Der Staatsbesuch Mussolinis 1937

Stadion und Maifeld boten nach den Olympischen Spielen eine ideale Bühne für nationalsozialistische Aufmärsche und Massenkundgebungen. Im Herbst 1937 wurde das Reichssportfeld zum Schauplatz von Benito Mussolinis Staatsbesuch.
Am 1. November 1936 hatte der italienische Diktator erstmals von einer »Achse Berlin–Rom« gesprochen. Damit verbunden war ein umfassender Hegemonialanspruch beider Staaten in Europa und eine zunehmend aggressive Politik.

Hitler und Mussolini in der Ehrenloge des Olympiastadions, 28. September 1937.
picture-alliance/akg-images, Frankfurt am Main

Mussolinis Deutschlandreise sollte aller Welt die künftige deutsch-italienische Zusammenarbeit vor Augen führen. Zugleich wollte Hitler den Gast beeindrucken, ihm die eigene Popularität und militärische Stärke demonstrieren. Seinen spektakulären Abschluss fand der Besuch in einer nächtlichen Kundgebung auf dem Reichssportfeld. Hunderttausende Fackelträger waren aufmarschiert. Nach Goebbels und Hitler hielt der »Duce« eine Rede auf Deutsch. Danach fand im Olympiastadion der Große Zapfenstreich der Wehrmacht statt.

Joseph Goebbels spricht anlässlich der »Sonnwendfeier« am 23. Juni 1938.
Im Hintergrund bilden 3 000 Fackelträger einen Kreis um das »Sonnwendfeuer«.
SV-Bilderdienst, München/Scherl

Nationalsozialistische Jugendveranstaltungen

Die Jugend war eine bevorzugte Zielgruppe der politischen und jahreszeitlichen Feiern des »Dritten Reiches«. So fanden etwa am 1. Mai als dem Tag der Nationalen Arbeit und zur Sommersonnenwende am 23. Juni zentrale Kundgebungen der Hitler-Jugend statt. Seit 1937 wurden sie auf dem Reichssportfeld abgehalten.

Der 1. Mai begann mit dem Einmarsch von uniformierten Abordnungen der Hitler-Jugend ins Stadion. Als kultischer Höhepunkt wurde die Begegnung mit dem »Führer« und den Parteifunktionären inszeniert. Im offenen Wagen stehend, drehte Hitler eine Ehrenrunde, während die

Adolf Hitler begrüßt von seinem offenen Mercedes aus die Jugendlichen im Berliner Olympiastadion, »Tag der Nationalen Arbeit«, 1. Mai 1937.
Bildarchiv Preußischer Kulturbesitz, Berlin

Massen auf den Tribünen in »Heil«-Rufe ausbrachen. Ansprachen Hitlers und des Reichsjugendführers verpflichteten die Jugendlichen zum bedingungslosen Einsatz für »Führer« und »Reich«.
Bei den »Sonnwendfeiern«, die angeblich germanische Traditionen wiederbelebten, formierten sich Tausende von Fackelträgern in der Stadionarena zu einem riesigen Hakenkreuz. In der Mitte wurde ein Lagerfeuer entzündet. Als Hauptredner trat Joseph Goebbels auf, dessen Parolen als »Feuerreden« bezeichnet wurden.

Werbeplakat für die Deutschen Leichtathletik-»Kriegs-Meisterschaften« am 25./26. Juli 1942 im Berliner Olympiastadion.
Deutsches Historisches Museum, Berlin

Das Gelände im Krieg

Nach Kriegsbeginn 1939 blieb das Olympiastadion Austragungsort nationaler und internationaler Sportwettkämpfe. Deutschland wollte politisch an den Erfolg der Olympischen Spiele 1936 anknüpfen und sich als überlegene Sportnation präsentieren. Sportliche Höchstleistungen sollten zudem – entsprechend der herrschenden Sportideologie – Kampfgeist und Opferbereitschaft der »Heimatfront« mobilisieren. Gleichzeitig boten die Veranstaltungen eine willkommene Gelegenheit, vom zunehmend härteren Kriegsalltag abzulenken.

Fußball-Länderspiel Deutschland–Spanien 1942
Das Spiel fand am 12. April 1942 im Berliner Olympiastadion statt und endete 1:1.
SV-Bilderdienst, München/Scherl

1940 fanden im Olympiastadion die Deutschen Leichtathletikmeisterschaften erstmals als »Kriegs-Meisterschaften« statt. Auch das ebenfalls der Leichtathletik gewidmete, 1937 ins Leben gerufene Internationale Stadionfest (ISTAF) wurde nach Kriegsbeginn jährlich ausgetragen, bis 1942 des Weiteren zahlreiche Fußball-Länderspiele. Teilnehmer waren Sportler aus besetzten, verbündeten oder neutralen Staaten.
Die SA, die die Führung im nationalsozialistischen Sport beanspruchte, veranstaltete regelmäßig »Reichswettkämpfe« mit Spezialdisziplinen wie Handgranatenweitwurf und Hindernisrennen.

Propagandaplakat für den Eintritt in den Volkssturm, 1944/45.
Nach Adolf Hitlers Erlass vom 25. September 1944 wurden alle bisher nicht eingezogenen Männer zwischen 16 und 60 Jahren zur Verteidigung des »Heimatbodens« zwangsverpflichtet.
Deutsches Historisches Museum, Berlin

Das Reichssportfeld am Ende des Krieges

Am 12. November 1944 schworen Männer des »Volkssturmes« auf dem Olympischen Platz den Fahneneid. Seit Januar 1945 war das Olympiastadion eine ihrer Verpflegungsstellen und Unterkunft für ein Volkssturm-Bataillon mit Namen »Reichssportfeld«. Kommandant war das IOC-Mitglied Karl Ritter von Halt, der Carl Diem zu seinem Adjutanten machte. Die Volkssturm-Einheit wurde im April 1945 in den Osten Berlins beordert. Havel-Übergang und Reichssportfeld sollten nach einem der letzten »Führer«-Befehle von einer Hitlerjungen-Division verteidigt werden. Bei den

Adolf Hitler zeichnet Mitglieder der Hitler-Jugend aus, die beim Volkssturm eingesetzt worden waren, April 1945.
Neben Hitler befindet sich Arthur Axmann, der 1940 die Nachfolge von Reichsjugendführer Baldur von Schirach angetreten hatte.
Deutsches Historisches Museum, Berlin/Heinrich Hoffmann

darauffolgenden Kämpfen vier Tage vor Kriegsende sind mehrere Hundert Hitlerjungen gefallen.
Noch am 18. März 1945 hatte Diem Jugendliche im Sportforum mit einem flammenden Appell zum Opfertod aufgerufen. Andernorts dienten brutale Einschüchterungsmethoden zur Aufrechterhaltung der Kampfmoral. In der Murellenschlucht nahe der »Dietrich-Eckart-Bühne« mussten Hitlerjungen bei der Erschießung von »Deserteuren« zusehen. Über 200 Todesurteile wurden dort 1944/45 vollstreckt.

Geburtstagsparade der britischen Streitkräfte für Königin Elisabeth II. auf dem Olympischen Platz, 5. Juni 1952.
Landesarchiv Berlin, Fotosammlung/Gert Schütz

Die britische Nutzung nach 1945

Die Geschichte des Reichssportfeldes war für ein halbes Jahrhundert von der britischen Militärpräsenz in Berlin geprägt. In dieser Zeit wurde aus der Besatzungsmacht eine befreundete Schutzmacht. Im Juli 1945 hatten die Briten die Großanlage beschlagnahmt, Teilbereiche – wie das Stadion – wurden dann bis 1949 wieder freigegeben. 1952 zogen die britische Militärregierung für Berlin und das Oberkommando der Streitkräfte auf das Reichssportfeld und richteten in den Gebäuden des Deutschen

Verabschiedung der britischen Streitkräfte in Berlin, am Rednerpult
Premierminister John Major, 8. September 1994.
Die Verabschiedung fand auf dem Adlerplatz vor dem ehemaligen Haus des
Deutschen Sportes, dem »London Block«, statt.
Landesarchiv Berlin, Fotosammlung/Klaus Lehnartz

Sportforums ihr Hauptquartier ein. Öffentlich sichtbar wurde dies bei der alljährlichen Geburtstagsparade für Königin Elisabeth II.
Am 8. September 1994 wurden die drei Westalliierten mit einer großen Parade und einer Festveranstaltung offiziell verabschiedet. Bei einem Festakt vor dem Haus des Deutschen Sportes enthüllte der damalige britische Premierminister John Major eine Gedenktafel, die an die Präsenz der Briten auf dem ehemaligen Reichssportfeld erinnert.

Das erste Fußball-Länderspiel im Olympiastadion nach dem Zweiten Weltkrieg, 17. Juni 1951.
Deutschland verlor vor 100 000 Zuschauern 1:2 gegen die Türkei durch ein Tor in der Schlussminute.
Landesarchiv Berlin, Fotosammlung

Veranstaltungen bis 1961

Aufgrund der 1945 erfolgten Vereinnahmung des Reichssportfeldes durch die britische Besatzungsmacht fanden in den ersten Nachkriegsjahren im Olympiastadion ausschließlich von den Alliierten organisierte Veranstaltungen statt. 1949 wurde das Stadion in die Verfügungsgewalt des Berliner Magistrates zurückgegeben. Er reaktivierte die Großanlage für die Öffentlichkeit. So prägten auf sportlicher Ebene vor allem die Leichtathletik und der Fußball den Veranstaltungskalender.
Doch war das Olympiastadion in den fünfziger Jahren auch Schauplatz weiterer Großveranstaltungen. Diese zielten in ihrem Charakter nicht zu-

Aufmarsch im Olympiastadion zum Schlussbild während der »Großen Polizeischau«, 5. September 1954.
Landesarchiv Berlin, Fotosammlung/Gert Schütz

letzt auf die Bevölkerung im Ostteil der Stadt. Das Spektrum der Massenspektakel, die oftmals bis zu 100 000 Menschen anzogen, umfasste Kirchentage, Heimatvertriebenentreffen sowie die seit 1951 alljährlich stattfindende Große Polizeischau. Beliebt waren auch bunte Abende wie der »Tag der Sensationen« oder »Der große Tag«, deren Höhepunkt stets ein großes Feuerwerk war.

Schlussgottesdienst des
»23. Deutschen Evangelischen
Kirchentages«, 11. Juni 1989.
*Landesarchiv Berlin,
Fotosammlung / Ludwig Ehlers*

Berlin-Besuch von Papst Johannes
Paul II., 23. Juni 1996.
Im Olympiastadion sprach der Papst Karl
Leisner und Bernhard Lichtenberg selig,
die beide als Verfolgte des Naziregimes ihr
Leben lassen mussten.
*Landesarchiv Berlin,
Fotosammlung/Stefane Jacob*

Veranstaltungen nach 1961

Nach dem Mauerbau 1961 und dem sich in den sechziger Jahren vollziehenden gesellschaftlichen und politischen Wandel veränderte sich auch der Charakter der Großveranstaltungen im Olympiastadion. Vor allem die bunten Abende und »Unterhaltungsschauen« für Familien erwiesen sich als überholt. An ihre Stelle traten im deutlich ausgedünnten Veranstaltungskalender der sechziger bis achtziger Jahre Theatervorführungen

Freundschaftsspiel im Olympiastadion zwischen Hertha BSC und Besiktas Istanbul, 1. August 2004.
Das Spiel fand anlässlich der Eröffnungsfeierlichkeiten nach Abschluss der Sanierungs- und Umbauarbeiten im Olympiastadion statt.
Landesarchiv Berlin, Fotosammlung / Thomas Platow

sowie musikalische Großereignisse. Darunter fanden sich die Militärmusikshow »British Tattoo« und das »Concert for Europe«.
Ab Anfang der neunziger Jahre setzten sich im Olympiastadion multimediale Bühnenshows wie die »Voodoo Lounge« der Rolling Stones von 1995 durch.

Boxveranstaltung in der vollbesetzten Waldbühne, um 1955.
Zentrum für Berlin-Studien, Postkartensammlung

Die Waldbühne

Die heutige Waldbühne (ehemals »Dietrich-Eckart-Bühne«) wurde als Bestandteil des Reichssportfeldes gegenüber der Langemarckhalle angelegt. Die in die Landschaft modellierte Freilichtbühne fasst etwa 22 000 Zuschauer. Sie war als Ort für Theateraufführungen und »nationale Weihespiele« gedacht. Während der Olympischen Spiele diente sie der Austragung verschiedener Wettkämpfe.
Seit den Nachkriegsjahren stellte die Waldbühne nach dem Olympiastadion den zweiten zentralen Veranstaltungsort auf dem ehemaligen

Konzert »Classic Night« der Berliner Philharmoniker
in der Waldbühne, Juni 1994.
ullstein – Pop-Eye, Berlin

Reichssportfeld dar. Bis in die sechziger Jahre fanden in ihr Unterhaltungsveranstaltungen und große Boxabende statt. Hier, wo Max Schmeling im Oktober 1948 seinen letzten Kampf absolvierte, stieg nahezu die gesamte deutsche Boxerelite in den Ring.
Aufgrund von Verwüstungen anlässlich des ersten Rolling-Stones-Konzertes im September 1965 war die Waldbühne für viele Jahre geschlossen. Seit den siebziger Jahren ist sie wieder einer der gefragtesten Orte des internationalen Musikgeschäftes.

Telegramm des Reichs-Postamtes vom 1. August 1914
mit dem Mobilmachungsbefehl.
Deutsches Historisches Museum, Berlin

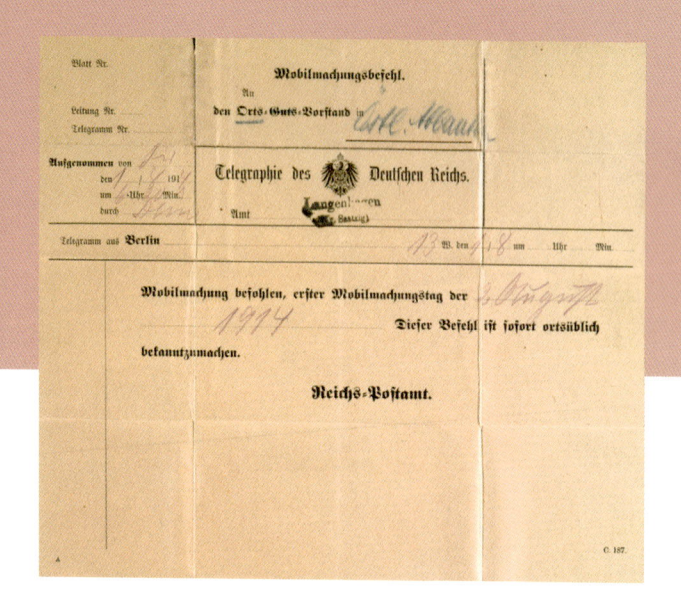

GESCHICHTE EINES MYTHOS

Aufbruch in den Krieg

Die patriotische Erziehung in Schule und Elternhaus – so zeigte sich bei Beginn des Ersten Weltkrieges – war nicht wirkungslos geblieben. Nationale Vereine und Jugendbünde hatten erfolgreich die damals gängigen soldatischen Tugenden Pflichterfüllung und Opferbereitschaft vermittelt.
Als selbstverständlich galt vielen Männern und Jugendlichen die Meldung als Kriegsfreiwillige. Die siegreiche Heimkehr wurde spätestens für Weihnachten 1914 erwartet. Doch zu diesem Zeitpunkt war der Krieg längst

Kriegsfreiwillige in Berlin, August 1914.
Eine Gruppe junger Männer zieht über die Straße Unter den Linden. Neben der hier zur Schau gestellten Begeisterung waren viele Menschen angesichts des Krieges von Ängsten und Sorgen erfüllt.
ullstein bild, Berlin

im mörderischen Stellungskampf erstarrt. Besonders unter den unerfahrenen Kriegsfreiwilligen gab es enorme Verluste.
Deutlich wurde dies bereits während der ersten großen Flandernschlacht. In ihr kamen auch neu aufgestellte Reservekorps zum Einsatz. Deren Soldaten – junge Freiwillige und ältere Reservisten – waren schnell und unzureichend ausgebildet worden. Ab Mitte Oktober 1914 wurden sie an die Front verlegt. Schwerpunkt ihres Einsatzes war der belgische Ort Ypern und Umgebung.

Einberufene Reservisten ziehen über die
Schöneberger Brücke in Berlin, Herbst 1914.
Deutsches Historisches Museum, Berlin

Entstehung des Mythos

Die Schlacht in Flandern begann am 21. Oktober 1914. Sie war Teil des »Wettlaufes zum Meer«. Die eingängige Metapher stand für immer neue Versuche der feindlichen Armeen, dem Gegner in die Flanke zu fallen. Mitte November mündeten die verlustreichen Kämpfe in den Stellungskrieg.

Zuvor, am 10. November 1914, waren letzte Angriffe auf die Orte Dixmuide und Bixschoote erfolgt. Vermutlich weil der Ortsname eingängiger klang, nannte der Heeresbericht des folgenden Tages jedoch Langemarck

Blick in einen neu ausgehobenen Schützengraben
nahe Langemarck, Januar 1915.
Deutsches Historisches Museum, Berlin

als Hauptkampfort. Der Bericht deutete den militärischen Fehlschlag im Westen in einen Sieg um.

Mit seiner preisenden Charakterisierung der Kämpfe wurde er zum Ursprungstext für den Mythos von »Langemarck«. Nahezu alle deutschen Zeitungen brachten den Bericht auf ihren Titelseiten. Der erste Jahrestag 1915 wurde bereits als »Tag von Langemarck« gefeiert. Schon jetzt waren die Leitmotive des Mythos erkennbar: die Jugend und ihr Opfer für die Nation.

Fotografie eines Schlachtfeldabschnittes bei Langemarck, vermutlich Ende 1914.
Von dem eigentlichen Angriff bei Langemarck, der schnell zum Mythos wurde, gibt es keine Fotografien. Umso stärker prägten verklärende Zeichnungen und Gemälde das Bild. Die abgebildete Fotografie dagegen vermittelt einen nüchternen Eindruck.
SV-Bilderdienst, München/Scherl

Heldengedenken

Im Herbst 1919 versammelten sich Veteranen eines in Flandern eingesetzten Reservekorps zu einer Langemarck-Feier in der Kaiser-Wilhelm-Gedächtniskirche. Zwei Jahre später kamen Jugendverbände und die Berliner Studentenschaft zu einer Langemarck-Feier in der Potsdamer Garnisonskirche zusammen.
Auch der seit jeher national eingestellte Teil der Turnbewegung gedachte in vielfältigen Formen der Weltkriegstoten. Als sich etwa im Sommer 1923 über 200 000 Menschen in München zum ersten Nachkriegsturnfest ver-

Bierkrug mit der Aufschrift »13. Deutsches Turnfest«, 1923.
Neben Anstecknadeln, Plakaten und Handzetteln machten auch Bierkrüge auf das erste Nachkriegsturnfest in München (7.–21. Juli 1923) aufmerksam. Auf dem Krug sind ein stilisierter Reichsadler und ein Jahn'sches Turnkreuz zu sehen.
Deutsches Historisches Museum, Berlin

sammelten, waren Totenehrungen und »vaterländische« Treuebekenntnisse an der Tagesordnung.

Gegen Ende der Weimarer Republik bekam das nationale Weltkriegsgedenken immer stärker nationalistische Züge. Die zunehmende Militarisierung der Turnerschaft zeigte sich in der Etablierung eines »Langemarck-Gedächtnismarsches« ab Herbst 1932. Während der Märsche war, so die Anordnung, eine Rast »bei einem Kriegerehrenmal« einzulegen und eine »kurze Gedenkfeier« abzuhalten.

»Deutschland, Deutschland über alles«, »Krieger-Zeitung« Nr. 58, November 1924.
Die Zeitung war das Organ des deutschen Reichskriegerbundes »Kyffhäuser«,
des Preußischen Landkriegerverbandes und der Krieger-Wohlfahrtsgemeinschaft.
Staatsbibliothek zu Berlin – Preußischer Kulturbesitz/bpk

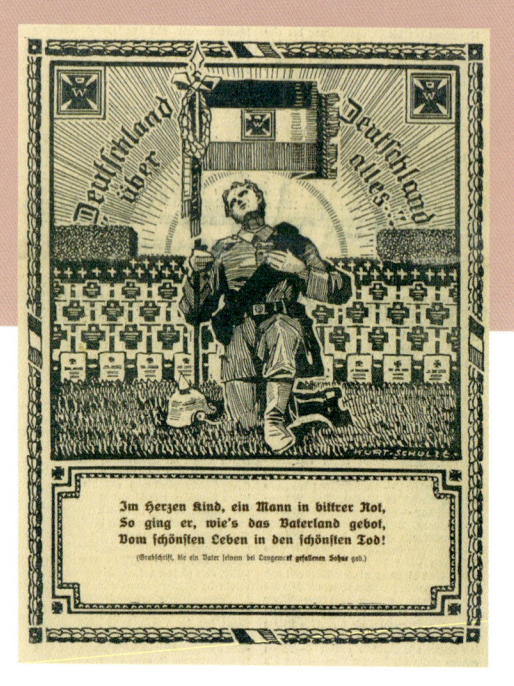

Die Verwandlung des Mythos

Im November 1924 nahmen etwa 2 000 Menschen an der Enthüllung eines Langemarck-Denkmals in der Rhön teil. Es handelte sich vorwiegend um Angehörige der Bündischen Jugend, die nach dem Weltkrieg aus der Wandervogel- und Pfadfinderbewegung hervorgegangen war.

Die Annahme, in den »jungen« Regimentern von Langemarck hätten vorwiegend Studenten gekämpft, verfestigte sich damals bereits. Denn der Mythos wurde in den folgenden Jahren vor allem im akademischen Milieu gepflegt.

Langemarck-Kreuz, um 1933.
In der »ordensfreien« Weimarer Republik war der Wunsch nach Auszeichnungen für die Teilnahme am Weltkrieg weit verbreitet. So konzipierte ein Traditionsverband schon Ende der zwanziger Jahre das Langemarck-Kreuz. Es konnte erst nach 1933 verliehen werden.
Deutsches Historisches Museum, Berlin

Die in teils hohen Auflagen erscheinenden Regimentsgeschichten der in Flandern eingesetzten Truppen trugen zur Verklärung des militärischen Desasters bei. Zugleich verstärkte sich aber auch die militärisch und pazifistisch motivierte Kritik an den Ereignissen. Die Einwände betrafen die angeblich euphorische Opferbereitschaft der Truppen. Auch wurden die verantwortungslosen Befehle der militärischen Führung hervorgehoben.

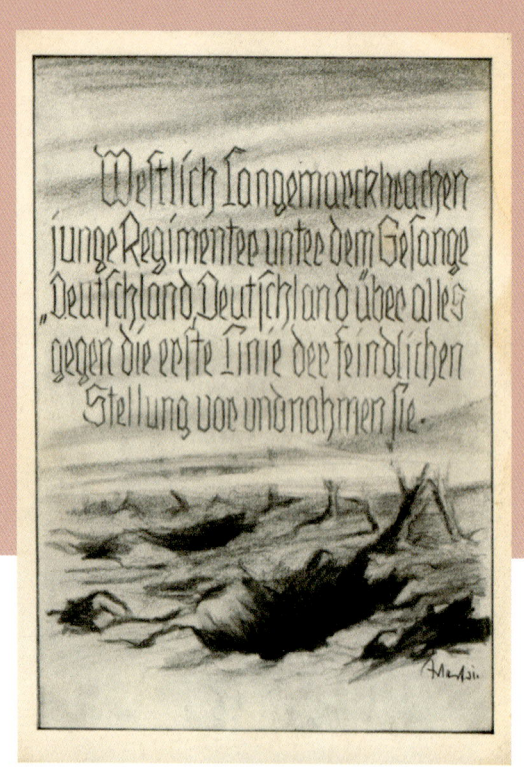

Postkarte mit einem Aufruf zur »Langemarck-Spende der Deutschen Studentenschaft«, um 1929.
Nach wie vor war der verklärend-siegesgewisse Kernsatz des Heeresberichtes vom November 1914 so gegenwärtig, dass mit ihm auch Werbung für die Errichtung eines »Heldenfriedhofes« in Langemarck betrieben werden konnte.
Wilfried Deraeve, Langemark-Poelkapelle

Studentische Mythospflege

Ab 1928 waren Langemarck-Gedenkfeiern an den Universitäten zur festen Einrichtung geworden. Es wurde dazu aufgerufen, das »Vermächtnis von Langemarck« – aufgefasst als die freiwillige Bereitschaft zum Opfer – zu erfüllen.

Veranstaltet wurden die Feiern vom Langemarck-Ausschuss für Hochschule und Heer. Als »Priesterschaft des Langemarckgedenkens« (1932) organisierte der Ausschuss zudem eine ebenfalls ab 1928 alljährlich stattfindende Zentralkundgebung in Berlin. Im November 1929, 15 Jahre nach

Blick in den »Ehrenhof« des neu eröffneten Langemarck-Friedhofes, um 1932.
Im offiziellen Sprachgebrauch wurde dieser Soldatenfriedhof in Langemarck zumeist als
»Helden-« oder »Ehrenfriedhof« bezeichnet.
Wilfried Deraeve, Langemark-Poelkapelle

der Schlacht, konnten über 15 000 Menschen im Berliner Sportpalast mobilisiert werden.

Dabei wurde auch für die 1928 gegründete »Langemarck-Spende der Deutschen Studentenschaft« gesammelt. Sie sollte den Bau eines »Heldenfriedhofes« in Langemarck ermöglichen. Der dem Nationalsozialismus nahestehende Schriftsteller Josef Magnus Wehner hielt 1932 die Einweihungsrede. In ihr wurden die Kriegstoten zu »Blutzeugen« eines neuen, heraufdämmernden Reiches.

Langemarck-Feier der Berliner Universität, 11. November 1936.
Anlässlich der Feier in der alten Aula der Universität wurden aus dem Reichsarbeitsdienst entlassene junge Männer als Studenten aufgenommen.
Bundesarchiv, Koblenz/Bild 183-2006-2401-500/Scherl

Nationalsozialismus und Langemarck

Dem Nationalsozialistischen Deutschen Studentenbund boten die Langemarck-Gedenkfeiern ab 1928 eine willkommene Gelegenheit, die Studenten für seine Ziele einzunehmen. Durch Störungen und gezielte Provokationen gegen Republik und Demokratie machten die studentischen NS-Aktivisten auf sich aufmerksam.

Dabei kam ihnen die zeitliche Nähe des Langemarck-Gedenkens am 11. November zum Tag der Ausrufung der Republik (9. November) entgegen. Emotional wirksamer noch war für die Feinde der Republik der

Plakat zu einer Langemarck-Gedächtnisfeier im Berliner Zeughaus, November 1938.
Als Motiv wurde der »Ehrenhof« des Soldatenfriedhofes gewählt, gekrönt vom Reichsadler mit Hakenkreuz. Bereits im November 1933 hatte erstmals eine Langemarck-Gedächtnisfeier unter Beteiligung von Studenten im Zeughaus stattgefunden.
Deutsches Historisches Museum, Berlin

Umstand, dass die siegreichen Alliierten ebenfalls am 11. November den »Tag des Waffenstillstandes« begingen.

Nach der »Machtergreifung« 1933 mehrte sich indessen in weiten Teilen der Öffentlichkeit die Kritik am »Verheizen« der »jungen Regimenter« in der Flandernschlacht 1914. Auch die soziale Zusammensetzung der »Jugend von Langemarck« wurde nun anders gewichtet: Nicht allein Studenten, sondern auch junge Handwerker, Arbeiter und Bauern hätten bei Langemarck gekämpft.

Reichsstudentenführer Scheel spricht zum Erstsemester des Langemarck-Studiums in Königsberg, 20. Januar 1939.
picture-alliance/akg-images, Frankfurt am Main

»Gleichschaltung« des Gedenkens

Das Ziel der Kritik am Langemarck-Mythos, die sich auf Adolf Hitler berufen konnte, war klar: Die bildungsbürgerliche Verankerung des Mythos sollte aufgelöst und seine Einbettung in die angestrebte NS-Volksgemeinschaft ermöglicht werden. In der nationalsozialistischen Ideologie stand nun nicht mehr der begeisterte Kriegsfreiwillige im Mittelpunkt, sondern der »stahlharte« Frontkämpfer.

Nach und nach kamen sämtliche Langemarck-Rituale unter die Kontrolle der NSDAP. Bereits 1934 wurde ein Referat Langemarck in der Reichs-

Umschlag des Buches »Das Langemarck-Studium der Reichsstudentenführung«, 1939.
Staatsbibliothek zu Berlin – Preußischer Kulturbesitz/bpk

jugendführung eingerichtet und die »Langemarck-Spende der Deutschen Studentenschaft« in eine der »Deutschen Jugend« umgewandelt. Sie gehörte damit in den Aufgabenbereich der Hitler-Jugend.

Der monatlich von der Hitler-Jugend zu entrichtende »Langemarckpfennig« sowie die Einführung des »Langemarck-Studiums« 1938 waren weitere Versuche, den Mythos »gleichzuschalten«. Mit dem Studium wurden »arische« und »politisch einwandfreie« Männer ohne Abitur auf das Hochschulstudium vorbereitet.

Carl Diem (rechts) als »Gefechtsbeobachter« an der Westfront, März 1918.
Die Aufnahme entstand zur Zeit der letzten großen Angriffsoperation des deutschen Heeres an der Westfront, der Michael-Offensive vom 21. März bis 6. April 1918.
Carl Diem, Olympische Flamme. Das Buch vom Sport, Berlin 1942 (3 Bände).

Sportbewegung und Opfergedanke

Carl Diem (1882–1962) betätigte sich seit den Tagen des Kaiserreiches als Sportfunktionär, Publizist und Sportwissenschaftler. Er betonte den Kampfcharakter des Sportes. Vor allem nach dem Verbot der Wehrpflicht durch den Versailler Vertrag 1919 sollte der Sport als »Wehrersatz« dem politischen und militärischen Wiederaufstieg Deutschlands dienen.
Hiermit eng verknüpft war eine nationalistische Deutung des Weltkriegserlebnisses. Diem favorisierte den Langemarck-Mythos. Aus den »Gebeinen« der »Kämpfer von Langemarck« werde »eine neue deutsche Zukunft erstehen«, formulierte er 1932.

Urkundenheft zum Erwerb des Deutschen Turn- und Sportabzeichens mit der Unterschrift Carl Diems, 17. Oktober 1924.
Das Abzeichen war bereits 1913 auf Initiative Diems eingeführt worden.
Deutsches Historisches Museum, Berlin

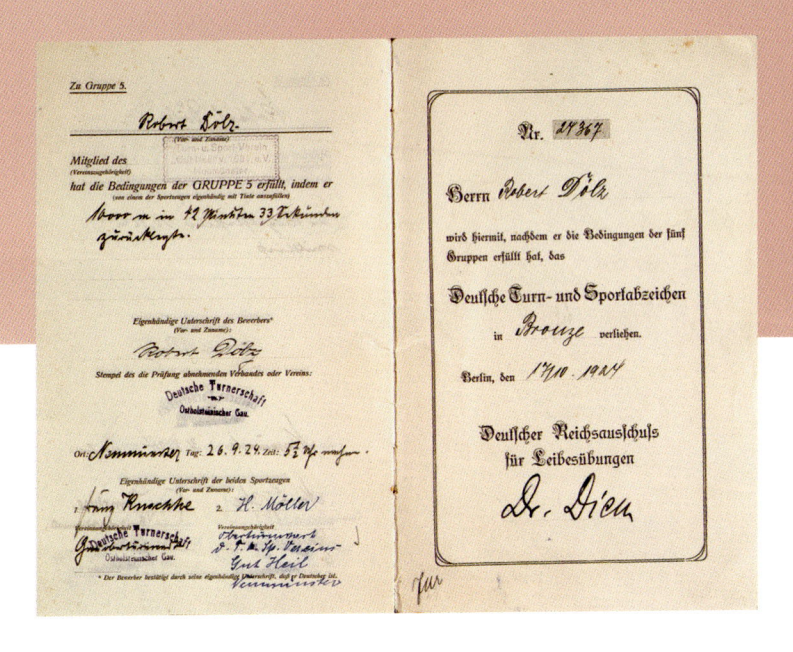

Nach seiner Berufung zum Generalsekretär des Organisationskomitees im Januar 1933 schlug Diem vor, eine Langemarck-Weihestätte in die olympischen Bauten einzubeziehen. Die Bedeutung der später gebauten »Langemarckhalle« verstärkte ein im NS-Totenkult bevorzugtes Erdritual: Diem selbst beschaffte vom Schlachtfeld bei Langemarck »blutgetränkte Erde«, die in einem Schrein in der Halle versenkt wurde. Den Schrein gibt es heute nicht mehr.

Adolf Hitler mit Gefolge auf dem Friedhof Langemarck, 2. Juni 1940.
Das Foto stammt von Hitlers »Leibfotograf« Heinrich Hoffmann. Unmittelbar nach dem Sieg über Frankreich unternahm Hitler eine kurze Reise zu den Schlachtfeldern des Ersten Weltkrieges in Flandern.
ullstein bild, Berlin

Langemarck und Zweiter Weltkrieg

Zahllose Langemarck-Singspiele und -Aufmärsche beschworen »Heldentum« und »freiwillige Opferbereitschaft«. Im Schulunterricht wurde »Langemarck« ab 1933 als Gegen-Kult zu jenem des »Unbekannten Soldaten« aufgebaut. Dieser war in England und Frankreich beherrschend.
Am 2. Juni 1940, unmittelbar nach dem raschen Sieg über Frankreich und der Besetzung der Niederlande und Belgiens, besuchte Hitler den 1932 eingeweihten Langemarck-Friedhof. In der Presse wurde das Ereignis als »Heimholung« der Toten gedeutet und das »Dritte Reich« als eigentliche Erfüllung des »Vermächtnisses von Langemarck« verklärt.

Werbeplakat mit antisemitischem Motiv für den Eintritt von Flamen in eine Einheit der Waffen-SS, um 1942.
picture-alliance/akg-images, Frankfurt am Main

Während des Zweiten Weltkriegs wurde »Langemarck« als »Ehrenname« für Einheiten der Waffen-SS verwendet, die sich aus flämischen Freiwilligen rekrutierten. Obwohl sich die Freiwilligen aus der flämischen Kollaborationsbewegung kaum mit dieser Truppenbezeichnung identifizieren konnten, wurde sie beibehalten. Flämische und deutsche Jugendliche kämpften noch im April 1945 in einem »Hitler-Jugend-Bataillon Langemarck«.

Mitglieder des »Grünen Korps« sind gemeinsam mit dem Bürgermeister, dessen Gattin und dem Pfarrer von Langemarck auf dem Weg zum deutschen Soldatenfriedhof, 1964.
In dem nach 1918 gegründeten »Grünen Korps« hatten sich Veteranen des 26. Reservekorps zusammengeschlossen, das bei Langemarck eingesetzt worden war.
Documentatiecentrum In Flanders Fields, Ieper

Totengedenken statt Heldenverehrung

Nach 1945 begann der Langemarck-Mythos allmählich zu verblassen. Im Werk des früh verstorbenen Dichters Wolfgang Borchert – etwa in seinem Schauspiel »Draußen vor der Tür« (1947) – wird »Langemarck« zum Inbegriff eines verblendeten, kriegsvorbereitenden Erziehungsideals. »Zwischen Langemarck und Stalingrad lag nur eine Mathematikstunde.« Der 1932 eingeweihte »Studentenfriedhof« in Langemarck erfuhr nach der neuerlichen Übernahme durch den Volksbund Deutsche Kriegsgräber-

fürsorge ab 1957/58 einen Umbau. Die aggressive, den freiwilligen Opfertod verherrlichende Bildsprache wurde aufgegeben und von einer völkerübergreifenden Form des Totengedenkens abgelöst.
Ebenso wandelte sich die Traditionspflege der damals noch existierenden Veteranenvereine. Insbesondere einstige Soldaten der in Flandern eingesetzten Reservekorps betonten nun die friedenstiftende Absicht ihrer Erinnerung an alle Gefallenen beider Weltkriege.

Blick auf die nach Westen hin offene Langemarckhalle und
die so genannten Durchmarschtore zum Maifeld, 1936.
Landesarchiv Berlin, Fotosammlung

Die Langemarckhalle

Die Langemarckhalle ist Bestandteil der Haupttribüne des Maifeldes, das westlich an das Olympiastadion anschließt. Sie befindet sich im Hauptgeschoss des monumentalen Eingangsbaues. Dieser wird von dem 76 Meter hohen Glockenturm bekrönt und stellt den architektonischen Endpunkt der das Reichssportfeld beherrschenden Raumachse dar.
Die offene Halle war den Gefallenen der Schlacht bei Langemarck vom November 1914 gewidmet. Auf diese Weise verbanden sich erstmals militärisches Gedenken und heroisierender Opferkult mit einer Sportanlage.

Blick auf die Haupttribüne am »Westwall«, 1936.
Unterhalb des Glockenturmes befand sich der »Stand des Führers«.
Werner March, Bauwerk Reichssportfeld, Berlin 1936

1961 bis 1962 wiederhergestellt, gibt die »Weihestätte« für die gefallenen deutschen Soldaten noch heute Zeugnis davon.
Welche Bedeutung dem Langemarck-Mythos im Nationalsozialismus zugeschrieben wurde, zeigen die von Albert Speer organisierten »Germania«-Planungen. Sie sahen eine »Reichsuniversität Adolf Hitler« vor, der das Reichssportfeld zugeschlagen werden sollte. Ihr architektonischer Höhepunkt wäre gleichfalls eine monströse Langemarckhalle gewesen.

Reichsstudentenführer Gustav Adolf Scheel legt auf dem Soldatenfriedhof in Langemarck einen Kranz nieder, 11. November 1937.
ullstein bild, Berlin

Im November 1936 wurde die Langemarckhalle erstmals für die »Reichsfeier Langemarck« genutzt, wie die Gedenkveranstaltungen nun hießen. Nach einer Großveranstaltung in der Deutschlandhalle, die auch im Rundfunk übertragen wurde, begaben sich die Ehrengäste und Abordnungen in die Langemarckhalle. Unter dem Läuten der Olympiaglocke fand dort eine Kranzniederlegung über dem »Erdschrein« statt.
Ab 1938 fand die offizielle Hauptfeier – wie schon 1933 und 1934 – im Zeughaus statt. Anschließend erfolgten Kranzniederlegungen im »Reichsehrenmal für die Gefallenen des Weltkrieges« – der heutigen Neuen

Kranzniederlegung zur »Reichs-Langemarck-Gedenkfeier«
in der Langemarckhalle, November 1938.
akg-images, Berlin

Wache – und in der Langemarckhalle. Dort nahm ein Doppelposten der Wehrmacht als »Ehrenwache« Aufstellung.
Mit Beginn des Zweiten Weltkriegs rückte der 1932 eingeweihte »Helden-« oder »Ehrenfriedhof« Langemarck in den Mittelpunkt der Feiern. Diese besaßen den Charakter von »Reichsappellen« an die deutsche Studentenschaft. Nach der Okkupation Belgiens im Juni 1940 wurden die Kranzniederlegungen auf dem Friedhof dann von militärischen Ehrenformationen begleitet.

Abschreiten einer Ehrenformation der Leibstandarte SS »Adolf Hitler« am Olympiastadion, 1. August 1936.
ullstein bild, Berlin

Der Eröffnungstag der Olympischen Spiele am 1. August 1936 war in seinem Ablauf minutiös festgelegt. Militärische Zeremonien prägten das gesamte Programm.
Gleich nach dem »Großen Wecken« durch die Wehrmacht und Festgottesdiensten fand in der Neuen Wache eine Gefallenenehrung durch Mitglieder des IOC statt. Im Lustgarten waren zur Begrüßung des olympischen Feuers Tausende von Hitlerjungen vor Propagandaminister Joseph Goebbels angetreten. Nachdem Hitler die offiziellen Gäste in der Reichskanzlei empfangen hatte, wurde er durch die festlich geschmückte Stadt

Adolf Hitler in der Langemarckhalle, 1. August 1936.
Staatsbibliothek zu Berlin – Preußischer Kulturbesitz/bpk/Heinrich Hoffmann

gefahren und erreichte am Nachmittag das Olympiagelände. Vor dem Glockenturm erwartete ihn eine Ehrenkompanie der Leibstandarte SS »Adolf Hitler«.
In den folgenden Minuten, ehe Hitler das Olympiastadion durch das Marathontor betrat, hielt er sich in »stillem Gedenken« in der Langemarckhalle auf. Begleitet wurde er dabei nur von Reichskriegsminister Generaloberst Werner von Blomberg. Mit der Totenehrung sollte symbolisch eine enge Verbindung zwischen soldatischem und sportlichem »Kämpfertum« hergestellt werden.

Mitglieder der Hitler-Jugend und Trauergäste am Tag der Urnenbeisetzung Hans von Tschammer und Ostens vor der Langemarckhalle, 2. Mai 1943.
picture-alliance/akg-images, Frankfurt am Main

SA-Obergruppenführer Hans von Tschammer und Osten hatte seit Mai 1933 die »Gleichschaltung« der deutschen Turn- und Sportorganisationen geleitet. Ebenso wie das neu eingerichtete Amt des Reichssportführers übernahm er 1934 die Präsidentschaft des Deutschen Olympischen Ausschusses. Seit 1937 war er für die Sporterziehung in der Hitlerjugend zuständig. Damit stieg von Tschammer und Osten zum mächtigsten Sportfunktionär des »Dritten Reiches« auf.

Nach seinem überraschenden Tod am 25. März 1943 befahl Hitler ein Staatsbegräbnis. Eine Trauerfeier fand am 2. April in der Neuen Reichs-

Beisetzung der Urne Hans von Tschammer und Ostens in der Langemarckhalle, 2. Mai 1943.
Der Adjutant des verstorbenen Reichssportführers versenkt die Urne in den dafür vorgesehenen Schrein.
Bundesarchiv, Koblenz/Bild 183-J06059

kanzlei statt. Die Beisetzung der Urne erfolgte am 2. Mai 1943 an der Stirnseite der Langemarckhalle unterhalb des Hölderlin-Zitates.
Mit der Bestattung sollte der Ort eine erneute Bestätigung als sakrale Kultstätte erfahren. Zugleich wurde ein verstorbener Sportrepräsentant des »Dritten Reiches« symbolisch in eine Reihe mit den Toten von Langemarck gestellt.

*»(...) Lebe droben, o Vaterland,
Und zähle nicht die Toten! Dir ist,
Liebes! nicht Einer zu viel gefallen.«*

Die Verse stammen aus Friedrich Hölderlins Ode »Der Tod fürs Vaterland«. Sie entstand in ihrer Endfassung im Jahr 1799.
Hölderlin besingt darin ein erst noch zu schaffendes, deutsches Vaterland. Es orientiert sich an der Französischen Revolution und den in ihr formulierten Menschenrechten.
Der Opfertod, dessen Sinn mit religiöser Inbrunst beschworen wird, sollte diesem erhofften Vaterland der Zukunft gelten – und nicht einer durch »Blutsbande« charakterisierten »Schicksalsgemeinschaft« im nationalsozialistischen Verbrechensstaat.

*»Ihr heiligen grauen Reihen
geht unter Wolken des Ruhms
und tragt die blutigen Weihen
des heimlichen Königtums!«*

Im Dezember 1914 erhielt der damalige Kriegsfreiwillige Walter Flex – zu diesem Zeitpunkt schon ein bekannter Bühnenautor und Schriftsteller – den Auftrag, ein Märchen für die Weihnachtsfeier seines Regiments zu verfassen. So entstand »Das Weihnachtsmärchen des 50sten Regiments«, erstmals 1915 publiziert.
Das Märchen handelt von einer verzweifelten Kriegerwitwe, die sich mit ihrem »Knäblein« ertränkt. Durch tote Soldaten im »Schattenreich« erfahren sie ihre »Auferstehung«. Das an christlich-nationalen Motiven reiche Rührstück erfreute sich besonders ab 1933 großer Beliebtheit.
Von zentraler Bedeutung darin ist ein Gedicht, dessen letzte Strophe sich in der Langemarckhalle findet. Es ist der »Gesang« toter Soldatenseelen, die von der »Herzkammer der Erde« aus die Nation erlösen sollen.

Sprengung des Glockenturmes, 1947.
Am 15. Februar 1947 sprengten britische Pioniere die Ruine des Glockenturmes. Die »Olympiaglocke« wurde dabei beschädigt und später auf dem Vorplatz vergraben.
ullstein bild, Berlin

Das Reichssportfeld und mit ihm der Glockenturm über der Langemarckhalle wurden durch Kriegseinwirkungen beschädigt. Im Februar 1947 sprengten britische Pioniereinheiten schließlich die einsturzgefährdeten Überreste des Turmes.
Im Zuge der ab Juni 1949 erfolgenden Rückgabe des Olympiastadions und von Teilen des Reichssportfeldes durch die britischen Truppen kamen Langemarckhalle und Glockenturm unter die Verwaltung des Berliner Bauamtes.

Hebung der »Olympiaglocke«, Dezember 1956.
Die nach der Sprengung des Glockenturmes vergrabene »Olympiaglocke« konnte erst im Dezember 1956 geborgen werden. Wegen starker Beschädigungen war sie nicht mehr als Klangkörper nutzbar und erhielt einen neuen Standort vor dem Südportal des Olympiastadions.
Landesarchiv Berlin, Fotosammlung/Gert Schütz

Im Jahr 1960 wurde der Architekt des Glockenturmes und der Langemarckhalle, Werner March, mit dem Wiederaufbau beauftragt. Er konnte 1962 abgeschlossen werden. Die Halle blieb unverändert – abgesehen von kleineren Umbauten sowie dem Wegfall des »Erdschreines« und der Regimentsfahnen. Auch die Zitate von Friedrich Hölderlin und Walter Flex beließ March ohne jede historische Kommentierung in der Halle. Lediglich die Lebensdaten wurden ergänzt.

Soldaten der Heeres-Kriegsschule Potsdam auf der Haupttribüne vor dem Maifeld, 1937.
Einige der Besucher haben die direkt vor dem Glockenturm stehende »Führerkanzel« bestiegen.
akg-images, Berlin

Bei der Planung des neuen Glockenturmes sowie der darunterliegenden Halle – offiziell als »Bauvorhaben Langemarckhalle« bezeichnet – spielte auch der Wiederaufbau der zum Maifeld hin offenen Tribüne eine wichtige Rolle. Einzig die auf ihr errichtete »Führerkanzel« käme »in Wegfall«, wie es im Baukonzept des zuständigen Bauamtes Nord im September 1961 hieß.
Ähnlich war bereits zuvor bei der Instandsetzung des Olympiastadions verfahren worden. Nach der frühen Rückübertragung des Stadions auf

Adolf Hitler auf der Ehrentribüne des Olympiastadions
während der Eröffnungsfeier der Olympischen Spiele, 1. August 1936.
ullstein bild, Berlin

die Berliner Verwaltung im Jahre 1949 galten die sogleich einsetzenden Sanierungsarbeiten der Stahlkonstruktion und den Steinfassaden. Acht Jahre später stand die Tribüne selbst im Mittelpunkt. Die weit auskragende Ehrentribüne mit der »Führerloge« wurde dabei zurückgebaut und in die umlaufenden Steh- und Sitzplätze integriert.

Internationales Stadionfest (ISTAF) im Olympiastadion, Endlauf über 100 Meter, 12. September 2004.
Landesarchiv Berlin, Fotosammlung/Thomas Platow

DIE HEUTIGE NUTZUNG

ISTAF und Pokalfinale

Für zwei sportliche Großveranstaltungen hat sich das Olympiastadion heute als ständiger Austragungsort etabliert: das Internationale Stadionfest (ISTAF) und die Endspiele um den Pokal des Deutschen Fußballbundes ziehen dort alljährlich zehntausende Besucher an.
Die Tradition des bereits 1937 begründeten ISTAF wurde nach kriegs- und nachkriegsbedingten Unterbrechungen in den fünfziger Jahren erfolgreich wiederbelebt. Seither entwickelte sich das im Spätsommer stattfindende Treffen der weltbesten Leichtathleten zu einem der beliebtesten Sportereignisse in Deutschland.

Endspiel im Fußball-DFB-Pokal 1999/2000 im Olympiastadion:
SV Werder Bremen – FC Bayern München.
Das am 6. Mai 2000 ausgetragene Spiel gewann Bayern München mit 3:0. Auf dem Foto spielt der »Bayer« Giovane Elber (links) den Ball an Torwart Frank Rost vorbei.
ullstein – contrast/Streubel, Berlin

Der deutsche Vereinspokal im Fußball wurde nach englischem Vorbild erstmals 1935 ausgespielt. Bis 1942 war das Berliner Olympiastadion mehrmals Endspielort. Danach dauerte es bis 1985, ehe hier wieder ein Pokalfinale stattfand und die Festlegung auf Berlin beschlossen wurde. Vor allem seit der Wiedervereinigung 1990 gehört das Pokalfinale zu den sportlichen Höhepunkten der Stadt. Auch das Endspiel um den deutschen Vereinspokal im Frauenfußball wird hier ausgetragen, jeweils vor dem Finale der Männer.

Bundesliga-Aufstiegsrunde 1967: Hertha-Fans beim Spiel Hertha BSC gegen Borussia Neunkirchen, 4. Juni 1967.
Deutsches Historisches Museum, Berlin/Sammlung Schirner

Das Stadion von Hertha BSC

Als Berliner Fußballmeister gehörte Hertha BSC (1892 gegründet) im Jahre 1963 zu den ersten Mannschaften der neu geschaffenen Bundesliga. Seither ist das Olympiastadion Heimstätte des Vereins. Zuvor hatte er seine Spiele an der legendären »Plumpe« im Wedding ausgetragen.

Im Berliner Olympiastadion erlebten die »alte Dame« Hertha und ihre Fans Höhen und Tiefen. 1964 wurde der Verein wegen damals verbotener Handgelder in die Regionalliga zurückgestuft. Kurz nach dem Wiederaufstieg in den siebziger Jahren war Hertha in den Bundesligaskandal

Fußball-Europapokal Champions League im Olympiastadion, 20. Oktober 1999. Spieler auf der Hertha-Ersatzbank. Das Spiel gegen den AC Mailand endete 1:0 für Hertha.
ullstein – contrast/Behrendt, Berlin

um Spielmanipulationen verwickelt. In den achtziger Jahren folgte die sportliche Talfahrt, zunächst in die inzwischen gegründete zweite Bundesliga. 1986 musste Hertha sogar in die Amateurliga absteigen.
1990 und dann erst wieder 1997 schaffte der Traditionsverein den Sprung in die höchste deutsche Spielklasse. Dort zählt Hertha BSC seither meist zu den Spitzenmannschaften und kann auch Siege in internationalen Wettbewerben (UEFA-Cup, Champions League) feiern.

Der entscheidende Treffer im Vorrundenspiel Deutschland – Chile während der Fußballweltmeisterschaft 1974.
Der Schütze des einzigen Tores der Partie war Paul Breitner (nicht im Bild).
ullstein bild, Berlin/Hartung

Bereits bei der Fußball-Weltmeisterschaft 1974 gehörte das Olympiastadion zu den Spielstätten des Turniers. Hier besiegte die bundesdeutsche Auswahl auf ihrem Weg zum späteren Titelgewinn das Team aus Chile in der Vorrunde mit 1:0.
Für die WM 2006 konnte sich Deutschland erneut als Austragungsland durchsetzen, mit knappem Vorsprung vor Südafrika. Im Olympiastadion werden insgesamt sechs Spiele ausgetragen, so auch das Endspiel.
Im Hinblick auf dieses sportliche Großereignis wurde das Stadion zwischen 2000 und 2004 nach Plänen des Architekturbüros von Gerkan,

Feierliche Neueröffnung des Berliner Olympiastadions, 31. Juli 2004.
gmp – Architekten von Gerkan, Marg und Partner

Marg und Partner von Grund auf renoviert und umgebaut. Dabei waren strenge Denkmalschutzauflagen zu erfüllen.
Das Stadion bietet nunmehr Platz für 74 500 Zuschauer. Die spektakuläre Dachkonstruktion besteht aus zwei jeweils 31 000 Quadratmeter großen Membranflächen und ruht auf 20 Baumstützen. In das umlaufende Dach integriert ist eine hochmoderne Lichtanlage, die für eine blendfreie Ausleuchtung des Spielfelds sorgt.

Literaturhinweise

zu den Themen Sport, Gefallenenkult, Langemarckmythos sowie Baugeschichte des Berliner Olympiastadions

Thomas Alkemeyer, Körper, Kult und Politik. Von der »Muskelreligion« Pierre de Coubertins zur Inszenierung von Macht in den Olympischen Spielen von 1936, Frankfurt am Main u. a. 1996.

Helmut Berding/Klaus Heller/Winfried Speitkamp (Hg.), Krieg und Erinnerung. Fallstudien zum 19. und 20. Jahrhundert, Göttingen 2000 (= Formen der Erinnerung, Bd. 4).

Jörg Duppler/Gerhard P. Groß (Hg.), Kriegsende 1918. Ereignis, Wirkung, Nachwirkung, München 1999.

Bernd Hüppauf, Schlachtenmythen und die Konstruktion des »Neuen Menschen«, in: Gerhard Hirschfeld/Gerd Krumeich/Irina Renz (Hg.), »Keiner fühlt sich hier mehr als Mensch ...«. Erlebnis und Wirkung des Ersten Weltkriegs, Frankfurt am Main 1996, S. 53–103.

Reinhart Koselleck/Michael Jeismann (Hg.), Der politische Totenkult. Kriegerdenkmäler in der Moderne, München 1994.

Reinhart Koselleck, Kriegerdenkmale als Identitätsstiftung der Überlebenden, in: Odo Marquardt/Karlheinz Stierle (Hg.), Poetik und Hermeneutik, Bd. 8, München 1979, S. 255–276.

Gerd Krumeich, Langemarck, in: Etienne François/Hagen Schulze, Deutsche Erinnerungsorte, 3 Bde., Bd. III, München 2001, S. 292–309.

Volkwin Marg, Olympiastadion Berlin. Sanierung und Modernisierung 2000–2004, o. O. 2004.

George L. Mosse, Gefallen für das Vaterland. Nationales Heldentum und namenloses Sterben, Stuttgart 1993.

Hans J. Reichhardt/Wolfgang Schäche, Von Berlin nach Germania. Über die Zerstörung der »Reichshauptstadt« durch Albert Speers Neugestaltungsplanungen, Berlin 1996.

Rainer Rother (Hg.), Die letzten Tage der Menschheit. Bilder des Ersten Weltkrieges, Berlin 1994.

Reinhard Rürup (Hg.), 1936. Die Olympischen Spiele und der Nationalsozialismus. Eine Dokumentation./The Olympic Games and National Socialism. A Documentation, Berlin 1996.

Wolfgang Schäche/Norbert Szymanski, Das Reichssportfeld. Architektur im Spannungsfeld von Sport und Macht, Berlin/Brandenburg 2001.

Senatsverwaltung für Stadtentwicklung und Umweltschutz, Kooperatives Gutachterverfahren Olympisches Dorf und Olympiagelände, Berlin 1993.

Thomas Schmidt, Das Berliner Olympiastadion und seine Geschichte, Berlin 1983.
Ders., Werner March. Architekt des Olympia-Stadions. 1894–1976, Basel/Berlin/Boston 1992.

Hans Joachim Teichler, Sport und Nationalismus. Die internationale Diskussion über die Olympischen Spiele 1936, in: Hans Sarkowicz (Hg.), Schneller, höher, weiter – eine Geschichte des Sports. Frankfurt am Main 1999, S. 369–389.

Ders., Internationale Sportpolitik im Dritten Reich, Schorndorf 1991.

Ders., Arbeiterkultur und Arbeitersport, Clausthal-Zellerfeld 1985.

Bernd Ulrich/Benjamin Ziemann (Hg.), Krieg im Frieden. Die umkämpfte Erinnerung an den Ersten Weltkrieg, Frankfurt am Main 1997.

Die Autoren der Essays

Ursula Breymayer, geb. 1960, Literatur- und Kulturwissenschaftlerin, Kuratorin zahlreicher Ausstellungen, lebt in Berlin.

Prof. Dr. Hans Joachim Teichler, geb. 1946, studierte Sport- und Sozialwissenschaften bei Hajo Bernett und Karl Dietrich Bracher in Bonn, promovierte in Bochum bei Horst Ueberhorst und ist seit 1994 als Professor für Zeitgeschichte des Sports im Institut für Sportwissenschaft der Universität Potsdam tätig. Arbeitsschwerpunkte sind Medien, Arbeitersport, Sportpolitik im Dritten Reich und in der DDR.

Dr. Jürgen Tietz, geb. 1964, Studium der Kunstgeschichte in Berlin. Arbeitet als freiberuflicher Architekturkritiker und -historiker. Zahlreiche Buchveröffentlichungen zu Architektur und Denkmalpflege. 1999 Journalistenpreis des Deutschen Nationalkomitees für Denkmalschutz. Lebt in Berlin.

Dr. Bernd Ulrich, geb. 1956, Historiker und Publizist. Letzte Veröffentlichung u. a.: Stalingrad, C. H. Beck: München 2005. Lebt in Berlin. Siehe auch www.berndulrich.com